Abecé
Visual

El Abecé Visual de

UNA CIUDAD POR DENTRO Y POR FUERA

Common-Core
Quality & Substance
www.CommonCore.SantillanaUSA.com

Abecé
Visual

© de esta edición: 2013, Santillana USA Publishing Company,
Inc. 2023 NW 84th Ave, Doral FL 33122

Publicado primero por Santillana Ediciones Generales, S. L.
C/Torrelaguna, 60 - 28043 Madrid

Coordinación editorial: Área de Proyectos Especiales.
Santillana Ediciones Generales, S. L.

REDACCIÓN Y EDICIÓN
Juan Andrés Turri

ILUSTRACIÓN
Diego Tollo, Sebastián Riesco, Carlos Escudero
y Edgardo (Kabe) Solas por Acuatromanos estudio
Color digital: Diego Tollo y Julián Bustos

DISEÑO DE CUBIERTAS
Gabriela Martini y asociados

El abecé visual de una ciudad por dentro y por fuera
ISBN: 978-84-9907-014-8

Printed in USA by Nupress of Miami, Inc.
16 15 14 13   1 2 3 4 5 6 7 8 9

Índice

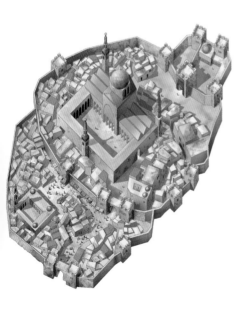

¿**Cuáles** son las características principales de las áreas urbanas?

E n la actualidad, aproximadamente el 50% de la población mundial vive en ciudades de distintos tamaños. Pero este porcentaje varía dependiendo de cada país, ya que en algunos casos esta población puede llegar a sobrepasar el 80%. Lo que es evidente es que en la mayoría de los países cada año aumenta notablemente el número de personas que viven en ciudades, mientras que la población rural crece mucho menos o incluso se reduce.

Se denomina *metrópoli* a la ciudad principal de una provincia o país. Es donde se centralizan las actividades económicas, culturales, sociales, etc. También suele ser el punto de conexión internacional.

En las áreas urbanas son importantes los espacios públicos que la población comparte: calles, avenidas, plazas, hospitales o escuelas. Otros espacios comunes son los centros comerciales, las estaciones de ferrocarril y los medios de transporte público.

En ciertas zonas céntricas se concentran los edificios más altos (de muchos pisos). En ellos suele haber oficinas, por ejemplo de grandes empresas y bancos, en las que se desarrolla una gran variedad de actividades. También es posible encontrar ministerios, numerosos comercios, hoteles y lugares de esparcimiento, como bares, restaurantes, cines y teatros.

En la mayoría de las ciudades existe un sector o barrio que se conoce como «el centro» porque, aunque no siempre está en el medio de la ciudad, es donde se concentra la mayoría de actividades. En las ciudades con una larga historia es la parte más antigua y alberga los principales monumentos históricos.

Variedad de construcciones

Los edificios urbanos son muy variados. Su estilo depende muchas veces del tipo de función que cumplen: por ejemplo, si son viviendas, oficinas o sedes de eventos multitudinarios (como un estadio deportivo). Además, las diferencias en el estilo arquitectónico de los edificios con frecuencia se deben a que fueron construidos en distintas épocas históricas.

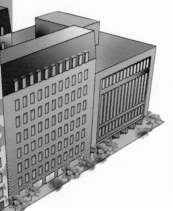

Los templos. En la mayoría de las ciudades hay iglesias, mezquitas, sinagogas, etc., donde distintos sectores de la población practican algún tipo de culto religioso.

Administración y gobierno.
En las ciudades, las autoridades del Gobierno y de la Administración Pública suelen establecer sus sedes, como la alcaldía o municipalidad y el registro civil.

Por lo general alrededor de la ciudad se crean zonas residenciales: nuevos barrios, llamados *suburbios,* que se establecen en la periferia o «las afueras de la ciudad». Esta expansión es a costa de ir ocupando tierras rurales. Entre las actividades típicamente urbanas que se van instalando en la periferia destacan las industrias y los centros comerciales.

Las ciudades más grandes del mundo
(datos de 2007)

Ciudad (país)	Millones de habitantes
Tokio (Japón)	35,7
Nueva York (Estados Unidos)	19
México D.F. (México)	19
Mumbai (India)	18,9
São Paulo (Brasil)	18,8
Delhi (India)	15,9
Shanghai (China)	14,9
Calcuta (India)	14,7
Dacca (Bangladesh)	13,4
Buenos Aires (Argentina)	12,7
Los Ángeles (Estados Unidos)	12,5
Karachi (Pakistán)	12,1
El Cairo (Egipto)	11,8
Río de Janeiro (Brasil)	11,7
Osaka-Kobe (Japón)	11,2
Beijing (China)	11,1
Manila (Filipinas)	11,1

Fuente: Organización de las Naciones Unidas (ONU).

En las ciudades predominan las actividades terciarias, como el comercio y los servicios (educativos, sanitarios, administrativos, de entretenimiento, etc.). También se desarrollan las actividades secundarias, como la construcción y la industria.

En las urbes el tránsito peatonal y rodado está organizado en una serie de calles y avenidas que rodean manzanas o bloques de terreno edificado.

¿**Qué** servicios brindan los **trenes** interurbanos?

Numerosas ciudades del mundo cuentan con servicio de trenes, e incluso muchas de ellas han tenido origen en una estación de tren. Este medio de transporte puede funcionar a nivel interurbano o de larga distancia; es decir, conectar una ciudad con otras más alejadas.

Los pasos a desnivel son aquellos en los que las calles, avenidas o rutas pasan por arriba o por debajo de las vías del tren.

Cuando se produce el cruce de una vía ferroviaria con una calle, avenida o ruta, el paso de los vehículos suele estar regulado por una barrera.

Los ferrocarriles transportan carga o pasajeros. Los trenes de carga suelen combinarse con otros medios de transporte (camiones, barcos) para formar una red o sistema intermodal.

La estación central o terminal ferroviaria es el edificio al que llegan y desde donde parten los trenes. Es decir, que es la primera estación y la última en una línea ferroviaria.

En algunas ciudades la construcción de la estación central conserva el estilo de finales del siglo XIX o principios del XX, época en que los ferrocarriles tuvieron un gran desarrollo. En otras ciudades los edificios son muy modernos, como por ejemplo la estación de trenes de Berlín, en Alemania.

Equipamiento e infraestructura ferroviaria

El equipamiento ferroviario está formado por el material rodante: vagones y locomotoras. El tren se desplaza sobre las vías: rieles de acero apoyados sobre traviesas (que suelen ser de madera o cemento). La infraestructura se completa con puentes y sistemas de señalización, y en el caso de los trenes eléctricos, con el suministro eléctrico que abastece de energía al tren. El sistema eléctrico puede ser aéreo, a través de postes y cables, o térreo, mediante un tercer raíl.

Evolución de los trenes

El primer transporte público que funcionó con locomotoras de vapor sobre vías férreas fue inaugurado en 1830, entre las ciudades británicas de Liverpool y Manchester. El primer tren eléctrico se presentó en Berlín, Alemania, en 1879. En 1897 se inaugura el tren automotor, que no necesitaba una locomotora separada. En ese mismo año se perfecciona el motor diésel, que luego es aplicado a las locomotoras de los ferrocarriles. En general, el motor impulsa un generador que produce corriente eléctrica, y esta alimenta a motores eléctricos que mueven las ruedas. Las primeras locomotoras impulsadas con motores diésel se difundieron en Europa y en Estados Unidos a partir de 1930. Una década después fueron reemplazando a las locomotoras de vapor. Desde 1955 se están desarrollando modelos de trenes eléctricos de alta velocidad (alcanzan velocidades de más de 200 km/h [124 m/h]) que se utilizan en recorridos interurbanos de larga distancia.

Los trenes interurbanos son los que recorren el interior de la ciudad. Pueden tener varios recorridos, con estaciones intermedias en los principales barrios. A medida que las ciudades crecen, los servicios de trenes interurbanos suelen reemplazarse por los del metro o autobús. De esta manera se eliminan vías férreas, barreras y estaciones intermedias.

Estaciones intermedias

Los servicios de trenes, al ser rápidos y baratos, permiten que la población resida cada vez más lejos del centro de la ciudad. Por eso, a lo largo del recorrido entre los extremos de una línea ferroviaria, es decir, entre una estación central y otra, hay estaciones intermedias, más pequeñas. Alrededor de estas estaciones, que surgieron a medida que el ferrocarril avanzaba, se formaron pueblos que luego se transformaron en ciudades.

Las estaciones de tren, especialmente las centrales, funcionan como puntos de encuentro de varios medios de transporte: taxis, autobuses o metro. Son los llamados intercambiadores. En general, junto a una estación central de trenes, se encuentra la terminal de autobús o metro, para que los pasajeros puedan hacer transbordos de forma más rápida y cómoda.

¿En **qué** medios naturales se desarrollan las ciudades?

A excepción de la Antártida, donde no hay ciudades, en los demás continentes las zonas urbanas se instalan en distintos medios naturales, como las llanuras, las costas del mar, las mesetas o los desiertos, y aprovechan los recursos particulares de cada uno.

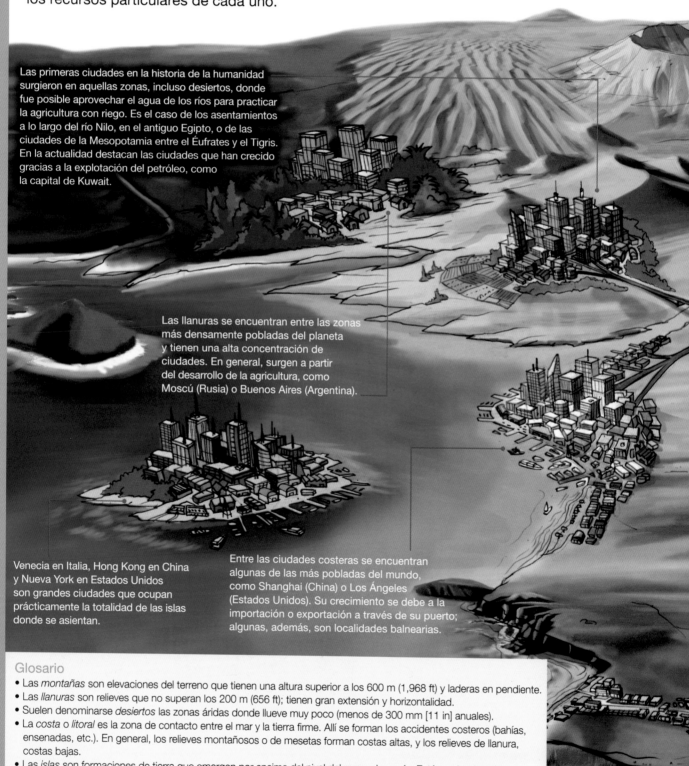

Las primeras ciudades en la historia de la humanidad surgieron en aquellas zonas, incluso desiertos, donde fue posible aprovechar el agua de los ríos para practicar la agricultura con riego. Es el caso de los asentamientos a lo largo del río Nilo, en el antiguo Egipto, o de las ciudades de la Mesopotamia entre el Éufrates y el Tigris. En la actualidad destacan las ciudades que han crecido gracias a la explotación del petróleo, como la capital de Kuwait.

Las llanuras se encuentran entre las zonas más densamente pobladas del planeta y tienen una alta concentración de ciudades. En general, surgen a partir del desarrollo de la agricultura, como Moscú (Rusia) o Buenos Aires (Argentina).

Venecia en Italia, Hong Kong en China y Nueva York en Estados Unidos son grandes ciudades que ocupan prácticamente la totalidad de las islas donde se asientan.

Entre las ciudades costeras se encuentran algunas de las más pobladas del mundo, como Shanghai (China) o Los Ángeles (Estados Unidos). Su crecimiento se debe a la importación o exportación a través de su puerto; algunas, además, son localidades balnearias.

Glosario

- Las *montañas* son elevaciones del terreno que tienen una altura superior a los 600 m (1,968 ft) y laderas en pendiente.
- Las *llanuras* son relieves que no superan los 200 m (656 ft); tienen gran extensión y horizontalidad.
- Suelen denominarse *desiertos* las zonas áridas donde llueve muy poco (menos de 300 mm [11 in] anuales).
- La *costa* o *litoral* es la zona de contacto entre el mar y la tierra firme. Allí se forman los accidentes costeros (bahías, ensenadas, etc.). En general, los relieves montañosos o de mesetas forman costas altas, y los relieves de llanura, costas bajas.
- Las *islas* son formaciones de tierra que emergen por encima del nivel del mar o de un río. Están rodeadas de agua.
- La *meseta* es un relieve plano como una llanura, pero de mayor altura que esta. Se llama altiplano a las mesetas de gran altura.

Algunas ciudades se han emplazado junto a lagos y lagunas. Por ejemplo, en la zona de los Grandes Lagos (frontera entre Estados Unidos y Canadá) destacan numerosas ciudades, como Chicago.

Las zonas montañosas de las regiones cálidas de América del Sur (los Andes), de América Central y de Asia (en Nepal y en Filipinas) tienen desde hace mucho tiempo altas densidades de población. Las ciudades se localizan en los valles que, gracias a su menor altura, tienen un clima templado. Por ejemplo, la ciudad de Quito (Ecuador) se encuentra a 2825 m (9,200 ft) sobre el nivel del mar.

La Paz (Bolivia), en el Altiplano, y Teherán (Irán) son algunas de las ciudades que están emplazadas en zona de meseta.

Gran parte de las ciudades del mundo se han fundado junto a un río, ya que es un recurso valioso para proveer de agua a la población o una vía navegable para el transporte de mercancías y personas. París (Francia), Londres (Inglaterra) o Sevilla son ejemplos de este tipo de ciudades.

¿**Cómo** se mide la densidad de una población?

L
as ciudades se distinguen de las zonas rurales, entre otros aspectos, por la gran concentración de personas y edificios en un espacio reducido. Las áreas urbanas tienen densidades más altas que las rurales, donde la población se distribuye de forma más dispersa. Para determinar cuál es la densidad de una población, es decir, cómo se distribuye en el territorio que habita, hay que establecer el número de habitantes por kilómetro cuadrado (mi^2).

En general, la densidad en una ciudad disminuye desde las zonas céntricas hacia la periferia.

Densidad en las manzanas urbanas

La densidad de población no solo es diferente entre una ciudad y otra o entre un país y otro. También se pueden encontrar diferentes densidades entre una manzana y otra en una misma ciudad. Por ejemplo, en la imagen está representada una manzana con seis casas. Si en cada casa vivieran tres personas, la manzana tendría 18 habitantes en total. Esta es una densidad baja en comparación con una manzana ocupada por edificios de varios pisos, que albergan, por ejemplo, 600 habitantes.

Distintos tipos de barrios

De acuerdo con el tipo de edificios y las funciones que estos cumplen, en las ciudades hay barrios con mayor o menor concentración de población.

Barrios residenciales en la periferia. Están formados por casas bajas y jardines; son los que tienen menor densidad.

Barrios céntricos. Tienen alta densidad. Debido a su gran actividad comercial y de negocios la densidad de población es alta durante el día y baja por la noche.

Barrios residenciales de edificios. Tienen mayor densidad que los barrios de casas bajas.

No necesariamente los edificios más altos son los que tienen mayor concentración de población. Esto depende del tamaño de los apartamentos, del número de personas que viven en cada uno y de las funciones que cumple el edificio: si se trata de oficinas, viviendas, etc.

La concentración de edificios altos en algunas zonas de la ciudad se debe muchas veces a que el precio del terreno es elevado y las empresas constructoras buscan obtener beneficio sobre la inversión realizada.

Cuanto mayor es la densidad de población, mayor es la demanda de servicios y espacios públicos. Por eso es necesaria la planificación urbanística para el crecimiento de un barrio.

Commuters

En Gran Bretaña se impuso el nombre de *commuters* para identificar los movimientos pendulares de personas que producen el cambio de densidad en las grandes ciudades entre el día y la noche. Los *commuters* tienen tres características principales: 1) producen la concentración de personas en barrios céntricos; 2) la concentración tiene lugar en determinadas horas del día; 3) los desplazamientos son de carácter regular y fijo, principalmente por razones y horarios de trabajo. Por ejemplo, por la Estación Central de Trenes de Nueva York (Estados Unidos) pasan al día más de un millón de *commuters* que trabajan en el Midtown, uno de los barrios céntricos de la isla de Manhattan.

Barrios históricos. Pueden tener una alta concentración de edificios, pero la densidad poblacional depende de las funciones que estos cumplen: si son hoteles, museos o residencias particulares.

Barrios industriales. Su densidad es baja porque están formados por fábricas o polígonos industriales que ocupan amplios espacios. Adquieren mayor densidad si se forman barrios residenciales a su alrededor.

¿**Por qué** la calle es uno de los espacios públicos más importantes?

En los asentamientos urbanos son importantes los espacios de uso público, es decir, aquellos que pueden ser utilizados por la población en general, como calles, plazas, parques, mercados, estaciones de ferrocarril, entre otros. Uno de los espacios más importantes y compartidos por la población es la calle.

La acera es la parte de la calle que se extiende entre los límites de una casa o la fachada de un edificio y la calzada. Está destinada al tránsito de los peatones.

En la ciudad existen espacios de propiedad privada (casas, edificios, fábricas, etcétera), espacios de propiedad pública (que están a cargo del Estado) y espacios de uso público (libre o restringido). Las calles y las plazas destacan porque reúnen dos características importantes: son públicas y de uso libre. De su organización y cuidado se ocupan las autoridades municipales o locales.

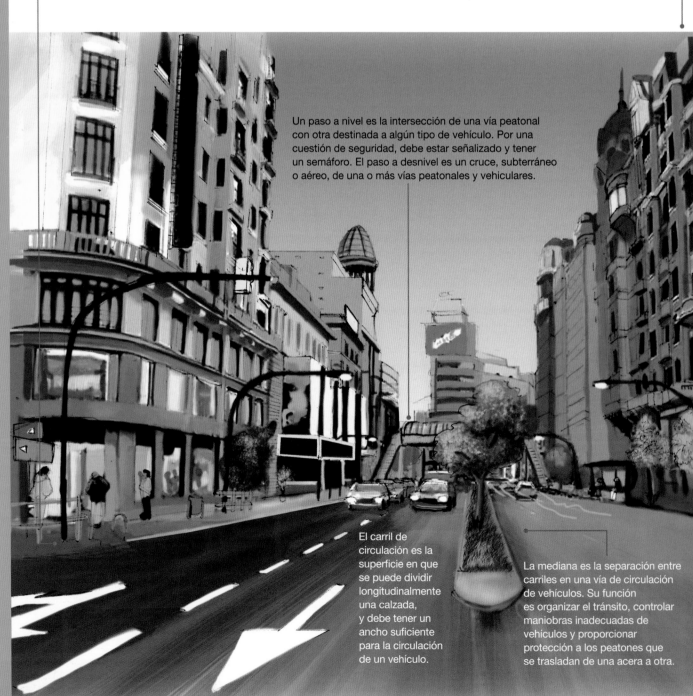

Un paso a nivel es la intersección de una vía peatonal con otra destinada a algún tipo de vehículo. Por una cuestión de seguridad, debe estar señalizado y tener un semáforo. El paso a desnivel es un cruce, subterráneo o aéreo, de una o más vías peatonales y vehiculares.

El carril de circulación es la superficie en que se puede dividir longitudinalmente una calzada, y debe tener un ancho suficiente para la circulación de un vehículo.

La mediana es la separación entre carriles en una vía de circulación de vehículos. Su función es organizar el tránsito, controlar maniobras inadecuadas de vehículos y proporcionar protección a los peatones que se trasladan de una acera a otra.

La planta urbana

El trazado de las calles puede tener distintas direcciones y darle así una variedad de formas a la planta urbana: por ejemplo, ortogonal o en damero e irregular. En general, una ciudad grande tiene una planta urbana con formas variadas que pueden observarse en los planos. Estas son representaciones de la ciudad vista desde arriba.

Planta ortogonal o en damero. Presenta una planta urbana con calles rectilíneas, cuyos cruces forman ángulos rectos, y las casas se agrupan formando manzanas regulares.

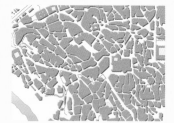

La planta irregular. Tiene un entramado de calles estrechas y sinuosas, trazadas sin orden y con escasos espacios abiertos.

¿Cuál es la diferencia entre calles y avenidas?

La *calle* es la vía pública (en general, formada por un sector de calzada y otro de acera) que puede ser transitada por personas a pie o en vehículos y que permite el acceso a casas, edificios y otras construcciones urbanas. La *avenida* es la vía pública formada por una calzada más ancha y puede incluir ramblas o medianas. La diagonal es una avenida orientada a 45° con respecto a la dirección general de las demás avenidas y tiene como objetivo facilitar una conexión más rápida entre distintos sectores de la ciudad.

El mobiliario urbano es el conjunto de elementos que forman parte del espacio público y cuya finalidad es la de atender una necesidad social o prestar un determinado servicio al ciudadano. Entre otros pueden destacar: teléfonos públicos, buzones, marquesinas de autobús, semáforos, postes y farolas para la iluminación pública, vallas para proteger a los árboles, parquímetros, fuentes, baños públicos, barandillas, papeleras, etc.

La calzada es el sector de la calle comprendido entre los bordes de las aceras, destinado a la circulación de vehículos. Puede ser de grava, adoquinada o asfaltada.

Calles diferentes

En algunos barrios, especialmente los más antiguos, es común que la calle esté formada solo por la calzada, es decir, que no tenga acera o vereda, como ocurre en La Ferrería, en la ciudad de Avilés (Asturias). En muchos barrios antiguos aún hay calles empedradas con adoquines de granito, una de las rocas que más se utilizaba para pavimentar, pero cuando se comenzó a usar el petróleo, se difundió la pavimentación con asfalto.

La calle peatonal es la calzada (con acera adyacente o sin ella) destinada al uso exclusivo de peatones. La calle peatonal debe permitir la libre circulación de todas las personas, sin barreras arquitectónicas ni urbanísticas para un acceso fácil a personas con alguna discapacidad física.

¿**Cuáles** son las características de las ciudades europeas?

E l origen de muchas de las ciudades europeas es muy antiguo.
Algunas surgen en la Grecia antigua y el Imperio romano,
y otras son representativas de la Edad Media o del Renacimiento.
En muchas de ellas se conservan las construcciones de distintas épocas,
que contrastan con las más modernas de los nuevos barrios.

Catedrales: suelen ser edificios de grandes dimensiones, concebidos para destacar entre otros. Para su construcción eran necesarios muchos años y requería la colaboración de toda la comunidad.

Plazas: en la época medieval eran lugares destinados a la reunión y al comercio. Allí se desarrollaban importantes eventos comunitarios. Tenían varias funciones: centro político-judicial, centro eclesiástico, centro social y centro mercantil.

Barrio histórico: en general, sus construcciones datan de la época en que se fundaron, desde la Edad Media hasta el siglo XVIII. Está formado por manzanas irregulares y calles estrechas que convergen en una plaza, como en los barrios de Trastevere en Roma (Italia), de origen etrusco, o del Pópulo en Cádiz, de origen romano.

Calles estrechas: es común que las calles de los barrios más antiguos tengan una distribución bastante irregular, parecida a la de un laberinto. Estas vías fueron construidas para el tránsito de personas o de carros y carruajes; por eso, en la actualidad no son apropiadas para la circulación de automóviles y autobuses. En el barrio medieval de Praga, en la República Checa, la calle Kozeluzka mide solo 77,50 cm (30.5 in) en su punto más estrecho.

Murallas: en general son características de la época romana y medieval, en las que todas las ciudades estaban fortificadas. Algunas como Siena (Italia) y Carcasona (Francia) aún conservan murallas. En España son famosas las de Lugo y Ávila.

Construcciones romanas

Las construcciones de la época del Imperio romano están entre las más antiguas que se pueden encontrar en una ciudad europea. Las más comunes son los restos de acueductos, murallas, calzadas de piedra, templos, termas, fuentes y puentes, entre otros.

Los acueductos romanos transportaban agua a las ciudades desde manantiales o ríos. El nombre acueducto proviene del latín *aquaeductus* y significa «conducción de agua».

En muchas ciudades se conservan partes de murallas que se han integrado en los nuevos trazados urbanísticos y circulatorios.

Barrios de los siglos xx y xxi: son los más modernos. Hay edificios de numerosos pisos, oficinas y centros comerciales.
En las afueras de la ciudad se pueden encontrar zonas residenciales formadas por edificios de varios pisos o casas bajas con jardín.

Barrios del siglo xix: son los que se desarrollan más allá de las murallas. Se caracterizan por sus anchas avenidas y calles dispuestas de forma ordenada. Hay numerosas y grandes construcciones que fueron originalmente ministerios de gobierno y viviendas.

Barrios de viviendas: algunos se construían dentro de las murallas (intramuros); otros, fuera de ellas (extramuros).

¿**Dónde** se instalan los centros comerciales?

En muchas ciudades, especialmente en las más grandes, cada vez hay más centros comerciales. Es uno de los espacios urbanos más concurridos, debido a su amplia oferta comercial y de servicios y a sus amplios horarios de atención al público. América del Norte, Europa, y el este y sudeste de Asia son las zonas donde existe mayor concentración de centros comerciales.

Los centros comerciales pueden ser propiedad de una sola persona o de una empresa, pero por lo general forman parte de un grupo empresarial. Según la superficie que ocupan, los centros comerciales se clasifican en:
Grandes: con más de 40 000 m^2 (430,000 ft^2).
Medianos: aquellos entre 20 000 m^2 y 40 000 m^2 (215,000 y 430,000 ft^2).
Pequeños: entre 5000 m^2 y 20 000 m^2 (53,800 y 215,200 ft^2).
Galería comercial: menos de 5000 m^2 (53,800 ft^2).

Gran parte de los centros comerciales son multifuncionales: además de contar con una gran variedad de comercios, también ofrecen múltiples opciones gastronómicas y de entretenimiento. En muchos de ellos hay supermercados e hipermercados.

Algunos centros se construyen en medio de la ciudad o en un barrio cercano. Pueden ocupar edificios antiguos que se renuevan o «reciclan» especialmente para adaptarlos a su nueva función. Otros se ubican en la periferia de las ciudades o en modernos barrios de los suburbios; por eso deben estar bien comunicados por medios de transporte.

Los precursores de los centros comerciales

Los establecimientos comerciales que podrían considerarse como los precursores son:

- La galería Vittorio Emmanuelle en Milán, Italia, una de las primeras construcciones de hierro y cristal que se realizó para conmemorar la unificación del país y se inauguró en la década de 1870. En la actualidad es un amplio espacio con restaurantes y librerías, además de comercios de varias marcas, muy visitado por turistas.
- El Country Club Plaza, que abrió sus puertas en 1924 en Kansas City (Missouri, Estados Unidos), suele ser considerado el primer centro comercial temático en Estados Unidos, porque estaba destinado a la venta de automóviles.

¿Cuál es el centro comercial más grande del mundo?

Durante varios años el West Edmonton Mall de Canadá fue considerado el centro comercial más grande del mundo: ocupa un terreno equivalente a 100 campos de fútbol y su estructura cubierta alberga un parque de atracciones, un parque acuático de grandes dimensiones, un campo de golf, 800 tiendas, 11 grandes almacenes, 110 restaurantes, una pista de patinaje sobre hielo, 13 clubes nocturnos y 20 cines.

En 2004 fue superado por el Golden Resources Shopping Mall, localizado en Beijing (China), que tiene una superficie de 680 000 m^2 (7,319,450 ft^2), 1000 locales en seis plantas, estacionamiento para 10 000 automóviles, 200 ascensores y 230 escaleras mecánicas, entre otros equipamientos.

¿**Por qué** hay plazas en la ciudad?

A lo largo de la historia, desde sus orígenes en la antigua Grecia, las plazas siempre fueron un lugar de reunión y el punto más céntrico e importante de una ciudad. Allí se trataban los problemas de la comunidad, se instalaban mercados o se creaban zonas verdes y de entretenimiento. Son espacios públicos que la población comparte y donde pueden realizarse diversas actividades.

En ocasiones la pérgola se usa como escenario para eventos especiales y es ocupada por músicos, actores u oradores.

Además de la zona de tierra y jardín, las plazas suelen tener un *solado* o piso seco, que es la superficie hecha de cemento, adoquines, etc.

Los bancos, de madera o cemento, y las papeleras son el equipamiento esencial de una plaza.

Algunas tienen fuentes de agua que se iluminan durante la noche.

Suele haber una zona de juegos para los más pequeños. Es importante que los columpios sean seguros y adecuados a la edad de los niños que los utilizan.

Plazas antiguas

Entre las más antiguas están el ágora griega y el foro romano. El ágora, en la antigua Grecia, era una plaza abierta que funcionaba como lugar principal de reunión de la sociedad. Allí se realizaban las manifestaciones políticas, sociales y religiosas. A su alrededor se encontraban los edificios más emblemáticos —políticos y religiosos— y el mercado. También disponían pórticos de columnas que funcionaban como lugares protegidos del sol o la lluvia. El foro romano era la plaza pública de las ciudades romanas y tenía características y funciones semejantes a las del ágora griega.

No solo los más jóvenes tienen posibilidades de divertirse en las plazas, los adultos suelen disponer de una zona habilitada para ellos, como mesas para jugar al ajedrez o al dominó, canchas de petanca, entre otros.

Tipos de plazas

Las plazas pueden clasificarse de acuerdo con su función característica.

Plazas mayores

Se llaman así porque se encuentran rodeadas de edificios emblemáticos como el ayuntamiento o la casa consistorial, la catedral e iglesias. Se consideran el núcleo más importante de la ciudad. En España son famosas la plaza mayor de Salamanca o la de Madrid.

Plazas de mercado

Desde la Antigüedad fueron utilizadas para instalar el mercado de la ciudad. Aunque esta función fue desapareciendo con el tiempo, en algunas ciudades perdura. Por ejemplo, en Marrakech (Marruecos) está la plaza Djamaa el Fnaa, donde funciona el mercado o zoco a cielo abierto más grande del mundo.

Plazas barriales

Suelen tener menores dimensiones que las plazas principales o centrales. Son de uso cotidiano y cumplen una importante función para el encuentro de los vecinos y la realización de diversas actividades.

Plazas de grandes eventos

Algunas plazas, porque tienen gran tamaño o porque se encuentran bien ubicadas en la ciudad, son elegidas de forma espontánea o programada, para la realización de eventos multitudinarios.

Es común encontrar ferias de artesanías o vendedores ambulantes, especialmente los fines de semana.

En las plazas se exhiben estatuas y monumentos, que suelen tener una placa para dar a conocer a quién o a qué hecho representan.

¿**Qué** es indispensable para vivir en la ciudad?

E l agua, además de ser un recurso imprescindible para la vida, constituye un bien esencial para el desarrollo de las actividades económicas. Es fundamental que una ciudad cuente con fuentes, una buena canalización y alcantarillado, y sistemas de saneamiento del agua para preservar la salud de sus habitantes.

El agua que las personas utilizan se origina en las precipitaciones (lluvias, nieve, granizo). Las ciudades que se encuentran en regiones con abundantes precipitaciones y clima húmedo cuentan con suficientes fuentes naturales de agua para consumo humano.

El agua de las precipitaciones se acumula en la superficie terrestre dando origen a ríos, lagos, lagunas y aguas subterráneas. De estas fuentes, mediante diferentes técnicas, se extrae para abastecer a las poblaciones urbanas.

Las represas o embalses son importantes reservas de agua que abastecen a las ciudades a lo largo del año.

Las aguas residuales son las que ya han sido utilizadas en baños, cocinas y procesos industriales y se vierten en los ríos o en el mar mediante redes de cañerías.

Aguas subterráneas

En algunas ciudades, especialmente en las zonas suburbanas donde no existe una red de cañerías que distribuya el agua corriente, la extracción de aguas subterráneas (1) sigue siendo la principal forma de abastecimiento. Es importante controlar que las aguas subterráneas no tengan contacto con elementos contaminantes, por ejemplo, con aguas residuales que se descargan en el suelo (2). Las aguas subterráneas representan una parte importante de las reservas de agua del planeta. Se forman cuando el agua se infiltra en las capas profundas del suelo y, al encontrar una zona de rocas impermeables, se detiene y se acumula. Por encima de la capa impermeable se forma un depósito que, si tiene la calidad y cantidad necesarias para ser utilizado por las personas, se denomina acuífero subterráneo.

Planta de tratamiento de aguas residuales

Los sistemas de saneamiento y los procesos de depuración del agua son cada vez más importantes para mantener la calidad del agua en el ciclo hidrológico (natural). Las aguas residuales urbanas de origen doméstico contienen sólidos en suspensión, detergentes, materia orgánica, bacterias y virus. Las aguas residuales de origen industrial contienen todos los tipos de contaminación conocidos. En las plantas de tratamiento estas aguas son sometidas a una serie de pasos para eliminar los microorganismos y las partículas de impurezas que puedan contener.

En las ciudades más grandes se consume cada vez más agua. Si bien es cierto que el crecimiento demográfico es una de las causas de una mayor demanda, no es la única. También influye el incremento del consumo por parte de las industrias.

Planta de potabilización

Para que el agua sea apta para el consumo humano se realiza un proceso que la transforma en potable. Este comienza con la captación del recurso de las fuentes naturales (ríos, lagos, lagunas, aguas subterráneas) por bombeo (1) y su envío a las plantas de tratamiento (2). Allí se realiza el siguiente procedimiento: a) se separan las partes sólidas; b) se le inyecta cal para quitarle acidez; c) se filtra; d) se le agrega cloro; e) se realizan controles de pureza. La distribución del agua potable (3) se lleva a cabo por medio de redes de cañerías que llegan hasta los consumidores finales.

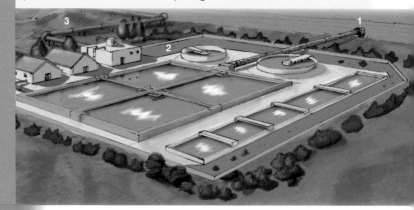

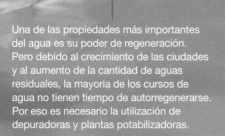

Una de las propiedades más importantes del agua es su poder de regeneración. Pero debido al crecimiento de las ciudades y al aumento de la cantidad de aguas residuales, la mayoría de los cursos de agua no tienen tiempo de autorregenerarse. Por eso es necesario la utilización de depuradoras y plantas potabilizadoras.

Consumos diarios de agua en un hogar urbano
(cifras aproximadas)
- Limpieza de la casa: 6 litros (1.5 gal) por persona.
- Lavado de ropa: 8 litros (2.1 gal) por persona.
- Baños de ducha: 100 litros (25 gal) por persona.
- Descarga de agua en el inodoro: 10 litros (2.6 gal) cada vez.

¿**Cómo** funciona un aeropuerto?

Los aeropuertos, que permiten la llegada y el despegue de aviones, en general se construyen en las afueras de una ciudad. Gracias a ellos las ciudades se conectan con otros puntos del país y del mundo. Esas conexiones forman una trama, y por eso se podría decir que las ciudades se integran en una red urbana mundial. Los aeropuertos internacionales que se encuentran en las grandes ciudades son espacios donde confluyen miles de viajeros de distintas partes del mundo.

Zona de hangares: allí se realiza el mantenimiento de aviones y el almacenamiento de combustibles y lubricantes y de servicios de *catering* (alimentos y bebidas que se ofrecen durante el vuelo).

Área de rodaje de aviones: es un amplio sector unido a las pistas de vuelo mediante calles. Allí los aviones realizan maniobras, se detienen a la espera o se desplazan despacio hacia la plataforma de estacionamiento.

Pistas de vuelo: son las superficies preparadas para el despegue y aterrizaje de los aviones.

Terminal de carga: si el aeropuerto recibe y despacha un gran volumen de carga, suele tener una zona separada de la terminal de pasajeros.

Terminal de pasajeros: es el edificio donde los pasajeros realizan la facturación o *chek in* de salida y los trámites de migraciones (presentación de documentos de identidad) y de aduana (control de equipaje). Por cuestiones de seguridad, los pasajeros deben pasar por distintas zonas de control tanto de personas como de equipajes.

Radar: es el equipo que controla la distancia y dirección de las aeronaves desde tierra y coordina el tráfico aéreo para evitar colisiones.

Facturación o *check-in*

Los pasajeros presentan el pasaje y el documento de identidad en el mostrador de una aerolínea y reciben una tarjeta de embarque para poder tomar su vuelo. Debido a que estos trámites hoy pueden realizarse a través de Internet, actualmente la principal función de la facturación en el aeropuerto es recibir el equipaje del pasajero, que es enviado de allí a la bodega de carga de la aeronave.

Zonas de prestación de servicios

En los aeropuertos hay servicios básicos como baños, bares y restaurantes. También se pueden encontrar hoteles, tiendas, salas de conferencia y de entretenimiento para niños. Entre los comercios destaca la tienda libre de impuestos o *Duty Free Shop,* donde los pasajeros pueden comprar productos libres de impuestos.

Sala de espera

Las salas de espera de los aeropuertos internacionales suelen reunir a cientos de personas de distintas nacionalidades que llegan, parten o están en tránsito (cambian de avión).

Avión o aeronave: es el vehículo de transporte aéreo de pasajeros y carga. Su tripulación está compuesta por un piloto, copiloto y personal auxiliar de vuelo. En la bodega del avión se encuentra el equipaje y las mercancías que se transportan.

Torre de control: desde allí los controladores de vuelo, mediante ordenadores, radares y radios, controlan y autorizan los aterrizajes y despegues.

Finger: es la pasarela que une la aeronave con la plataforma para que los pasajeros vayan de la terminal al avión o viceversa.

Plataforma o rampa: es el área destinada al estacionamiento de los aviones. Allí se realiza el embarque o desembarque de pasajeros, equipajes y carga, y el servicio de mantenimiento inmediato de las naves (limpieza, aprovisionamiento de comestibles).

¿**Cuáles** son los rasgos típicos que conservan las ciudades islámicas?

En el norte de África y el oeste de Asia, hay muchas ciudades con características comunes: se encuentran en regiones desérticas y la mayoría de sus habitantes practican la religión islámica y conservan gran parte de las costumbres de la cultura árabe. Además, en estas ciudades se conservan construcciones típicas, muchas de las cuales se remontan a la época medieval.

Las mezquitas son los principales lugares de reunión para la oración de la religión islámica. Tienen un patio central donde se sitúa una fuente para la purificación. Los minaretes son torres desde las que se convoca a los fieles a orar.

La casa islámica

Las casas tradicionales están hechas de ladrillos y techos de tejas. Las habitaciones se disponen en dos pisos, alrededor de un patio. Las casas de mayores dimensiones también tienen un jardín.

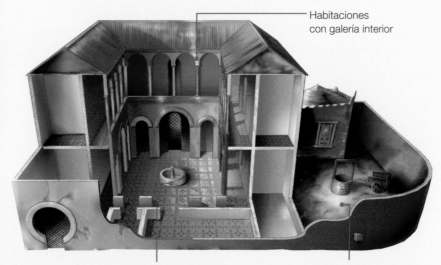

Habitaciones con galería interior

Patio central con fuente de agua

Jardín con aljibe

Terrazas

Calles

Barrios de viviendas

En las ciudades islámicas, las calles de los barrios son estrechas y abundan los callejones sin salida. Las casas se construyen muy cercanas unas de otras.
Esta disposición de las viviendas tiene como objetivo crear zonas de sombra que atenúen la incidencia de los rayos solares.
Así, el interior de las casas se mantiene fresco a pesar del intenso calor exterior. Es común que los barrios se diferencien por el oficio de sus habitantes; por ejemplo, hay barrios de carpinteros, teñidores, orfebres, zapateros, etc.

Mezquita menor

Muchos barrios de ciudades del norte de África y de Oriente Medio tienen características similares a las de la imagen. En algunos casos, solo queda una parte de la muralla o ha desaparecido. Pueden encontrarse antiguos barrios islámicos en Tánger, Marruecos; en El Cairo, capital de Egipto, y en Riyadh, capital de Arabia Saudí.

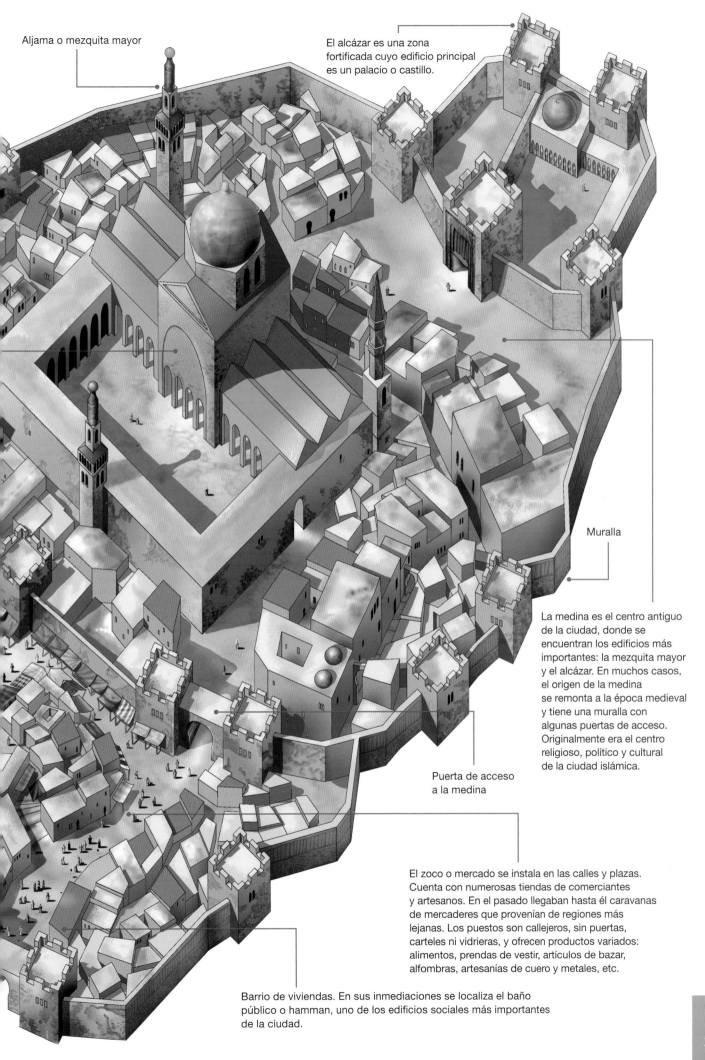

Aljama o mezquita mayor

El alcázar es una zona fortificada cuyo edificio principal es un palacio o castillo.

Muralla

La medina es el centro antiguo de la ciudad, donde se encuentran los edificios más importantes: la mezquita mayor y el alcázar. En muchos casos, el origen de la medina se remonta a la época medieval y tiene una muralla con algunas puertas de acceso. Originalmente era el centro religioso, político y cultural de la ciudad islámica.

Puerta de acceso a la medina

El zoco o mercado se instala en las calles y plazas. Cuenta con numerosas tiendas de comerciantes y artesanos. En el pasado llegaban hasta él caravanas de mercaderes que provenían de regiones más lejanas. Los puestos son callejeros, sin puertas, carteles ni vidrieras, y ofrecen productos variados: alimentos, prendas de vestir, artículos de bazar, alfombras, artesanías de cuero y metales, etc.

Barrio de viviendas. En sus inmediaciones se localiza el baño público o hamman, uno de los edificios sociales más importantes de la ciudad.

¿**Cómo** se abastece a una población?

Las ciudades son centros de consumo de una gran variedad de servicios y productos: agua, electricidad, combustibles, alimentos, aparatos electrónicos, medicinas, ropa, muebles, libros, etc. Cuanto más grande es la ciudad mayor es la demanda de productos. El abastecimiento se realiza desde zonas rurales o fábricas, o con productos provenientes de otras regiones y países.

Las centrales hidroeléctricas suministran casi el 20% de la electricidad mundial. En algunos países es la principal fuente de energía eléctrica, como en Noruega, que proporciona el 99%. En otros países su utilización es menor, como en Estados Unidos, cuyo suministro es del 13%.

Los productos rurales suelen ser transportados hasta un mercado central situado en un edificio de grandes dimensiones. Allí los comerciantes mayoristas venden los productos a los minoristas, quienes luego los comercializarán en la ciudad.

La tendencia actual de las industrias es instalarse en la periferia de una ciudad. Muchas ciudades son conocidas por su especialización en algún producto particular, como Pittsburgh, en Pensilvania (Estados Unidos), que se denomina la «ciudad del acero».

El petróleo es otra fuente de energía que provee combustibles para el funcionamiento de los medios de transporte y para alimentar las centrales termoeléctricas. En general, se transporta desde los yacimientos hasta las ciudades, en camiones cisterna o a través de grandes tuberías (oleoductos) que recorren varios kilómetros.

Las centrales termoeléctricas, a pesar de ser contaminantes (utilizan como combustible derivados del petróleo), son las que más se usan en el mundo para producir electricidad y generan alrededor del 60% de la electricidad mundial.

Las centrales nucleares aportan alrededor del 17% del total de la electricidad en el mundo. Los cinco países con mayor porcentaje de electricidad de origen nuclear en 2006 fueron: Francia (78,07%), Lituania (69,02%), Bélgica (58,10%), Eslovaquia (57,15%) y Suecia (48,01%).

El transporte de alimentos

Todos los países cuentan con normas de control sobre los vehículos que transportan alimentos perecederos, con el fin de mantener la temperatura establecida legalmente para conservar la mercancía en condiciones inocuas y aptas para el consumo. Se consideran productos perecederos, entre otros, los lácteos, la carne, los preparados a base de pescado, las aves de corral, etc.

En las últimas décadas se ha difundido el uso de aerogeneradores (energía eólica) para producir electricidad. Los aerogeneradores se concentran en parques eólicos. El 90% de estos parques se encuentra en Estados Unidos y Europa. El parque eólico más grande de Europa se encuentra en Tarifa (Cádiz).

Productos que vienen de lejos

Con frecuencia, muchos de los productos que consume la población en las grandes ciudades provienen de distintos países, incluso de algunos muy lejanos. Por ejemplo, España exporta aceite de oliva al resto del mundo, hasta Australia o Japón.

Los bosques proveen numerosos productos, en particular la madera que se utiliza en la construcción, para fabricar muebles o papel. En Europa los extensos bosques fueron utilizados intensamente para abastecer las ciudades, y en su mayoría han sido talados con el fin de utilizar la tierra para el cultivo de cereales o para desarrollar actividades ganaderas.

En las cercanías de las ciudades también suelen localizarse las zonas de producción de leche y sus derivados, especialmente los que son perecederos.

Los productos «frescos», como frutas, hortalizas, flores, etc., suelen transportarse en avión para que lleguen rápido a las ciudades. Para no alterar sus propiedades se colocan en recipientes refrigerados.

¿**Qué** son los espacios verdes?

Se denomina así a las superficies ubicadas dentro de una ciudad o en su periferia, que tienen algún tipo de vegetación (césped, árboles, arbustos, plantas con flores, etc.). Estos espacios pueden ser públicos, como plazas y parques, o privados, como los jardines de las casas. Su función, además de adornar la ciudad y brindar un espacio para la recreación, es aportar beneficios para la salud de la población. La mayoría de los espacios verdes urbanos están organizados, y en ellos se planta vegetación con un fin determinado. Entre la vegetación se pueden encontrar especies nativas o exóticas (provenientes de otras regiones).

Un parque es un tipo de espacio verde, con una superficie no inferior a dos manzanas, destinado a la recreación y al contacto con la naturaleza. En él predomina la vegetación natural por encima de los elementos construidos. Su función es oxigenar, por eso se les llama el «pulmón» de la ciudad.

Una zona de reserva ambiental es aquella en la cual se protege y se conserva determinada vegetación, especialmente la nativa o autóctona.

El espacio verde privado es la superficie con vegetación dentro de un terreno de propiedad privada, con acceso restringido y controlado y de usufructo exclusivo de sus propietarios.

Las alamedas adornan las vías peatonales a lo largo de avenidas.

El espacio verde público es una superficie con vegetación del que se puede disfrutar libremente.

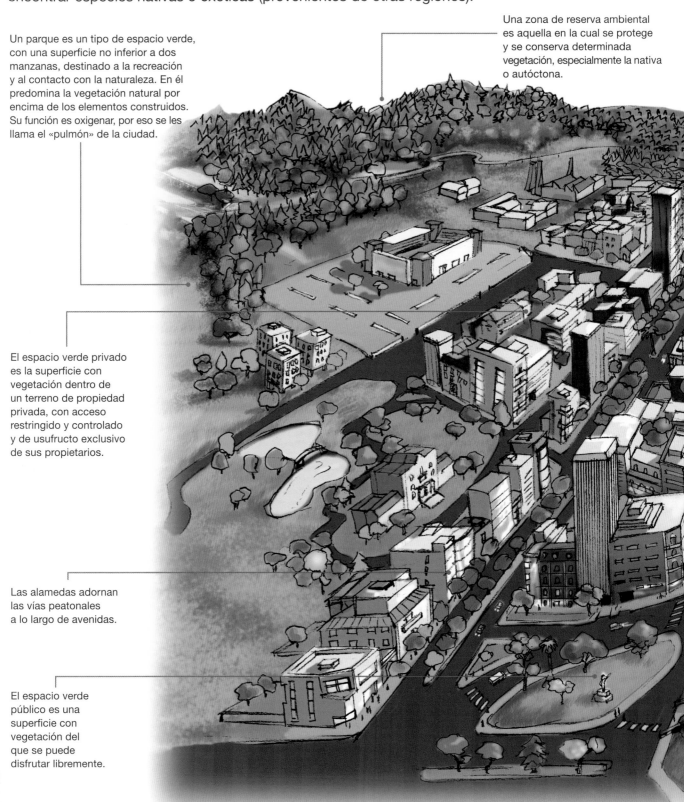

Árboles urbanos

En el arbolado urbano se pueden encontrar ejemplares de diversas especies, nativas o exóticas.

Árboles de gran porte

Algunos árboles adquieren grandes dimensiones, como los eucaliptos, que son originarios de Australia y se han difundido como especie exótica en todos los demás continentes.

Árboles de hojas caducas y perennes

Las especies de hojas caducas, como el roble, pierden sus hojas a partir del otoño. Las coníferas, como el pino, tienen hojas perennes, es decir, que se renuevan pero la copa se mantiene durante todo el año.

Árboles con flores

Una de las funciones del arbolado urbano es el embellecimiento del paisaje. El cerezo es una de las especies que desarrollan hermosas flores en la primavera.

Árboles exóticos

Las especies más difundidas en las ciudades de climas templados son las palmeras. La gran mayoría de los ejemplares que se ven en los espacios verdes provienen de América, sudeste de Asia y el África.

Una plaza es un espacio verde con menores dimensiones que un parque. Aunque tiene variedad de vegetación, las zonas verdes suelen ocupar menos superficie que las construidas.

Área verde por habitante

La Organización Mundial de la Salud establece que debe haber 10 m^2 (107 ft^2) de área verde por habitante para satisfacer las necesidades de la población. Sin embargo, son muy pocas las ciudades que cumplen con ese parámetro.

Las plazoletas son similares a las plazas pero de menor tamaño. Suelen cumplir una función en la organización del tráfico, por ejemplo, la de formar rotondas.

¿**Cómo** se construye un edificio?

C on el paso del tiempo es necesario construir nuevos edificios o conservar, arreglar y modificar los existentes. El sector de la construcción es uno de los más relevantes en los centros urbanos, ya que involucra el trabajo de mucha gente y está vinculado a numerosas actividades, como las industrias del acero y del vidrio.

Los edificios tienen un esqueleto resistente llamado *estructura* que está formado por losas, vigas, columnas y bases que se convertirán en las paredes, pisos y techos de cada apartamento.

Estructura del edificio

Piso por piso y paso a paso se arma la estructura del edificio con hormigón y hormigón armado.

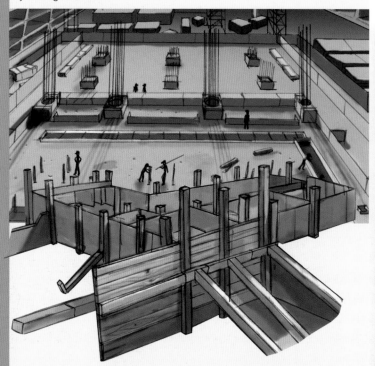

De acuerdo con el destino o la finalidad del edificio, las estructuras pueden tener mayor o menor resistencia, más o menos columnas, etc. Una de las tareas de los ingenieros es delinear el proyecto, hacer los cálculos y asumir la dirección del armado de estas estructuras para que sean funcionales y seguras.

Para levantar las columnas que constituyen la estructura, primero se hacen los encofrados o moldes con madera o chapas de metal. Esos moldes luego se rellenan con una mezcla de cemento, agua, arena y grava. Una vez que fragua la mezcla se desmonta el armazón y queda un bloque compacto, que es el hormigón (al que se denomina *armado* cuando a la mezcla se agregan barras o mallas de acero). De esta manera, resulta una estructura sólida y resistente.

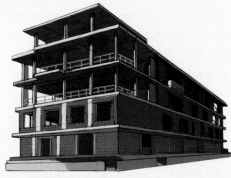

A medida que se va completando la estructura de los pisos superiores del edificio, se comienza desde abajo con una nueva etapa: levantar las paredes y pintarlas. Luego, se fijan los marcos de las puertas y de las ventanas y se realizan las intalaciones de agua, gas y electricidad que recorren el edificio.

La *base* es el sector que está en contacto con la superficie del suelo. Por debajo de ella se construyen los cimientos.

El medio ambiente

Para construir un edificio hay que tener en cuenta el medio natural en el cual se hará la obra. Por ejemplo, si es zona de riesgo sísmico o de huracanes se deben aplicar técnicas especiales en la construcción de los cimientos y la estructura para que resistan la presión de grandes fuerzas. La orientación del edificio también es un factor importante para aprovechar la luz del sol durante más tiempo en el día o para permitir que la brisa funcione como una ventilación natural cruzada, es decir, que circule en distintas direcciones. Otro factor a tener en cuenta es la resistencia del suelo: cuanto más grandes son los edificios, más resistentes tienen que ser los suelos donde se asientan. Conocer la resistencia del suelo permite decidir qué dimensiones tendrá el edificio y a qué profundidad se harán los cimientos.

Las *losas* son las superficies horizontales de hormigón que forman los distintos pisos del edificio y sostienen el peso de los pisos superiores.

Cuando los edificios tienen varios pisos, las *columnas* aumentan sus dimensiones a medida que van llegando a la planta baja. Esto permite sostener el peso de toda la estructura.

Cimientos del edificio

La elección de los cimientos dependerá de la fortaleza de la roca madre y de las capas de suelo que se encuentran sobre ella. Los tipos de cimientos se pueden agrupar en superficiales y profundos: los primeros se encuentran a pocos metros bajo la base del edificio, como las losas continuas, y los segundos se extienden varios metros por debajo del edificio, como los pilotes y los pozos de cimentación.

Cimiento de losas continuas. Se utiliza cuando el suelo es poco resistente.

Cimiento de pilotes. Está fabricado con madera, hormigón o acero y se coloca agrupado en pilares. En los edificios muy pesados o muy altos se emplean pilotes de acero. Se los puede enterrar hasta alcanzar el sustrato rocoso.

Pozos de cimentación. En este caso, se excavan pozos en los que se introducen tubos huecos de acero que luego se rellenan con hormigón.

¿**Cómo** es posible vivir en el desierto?

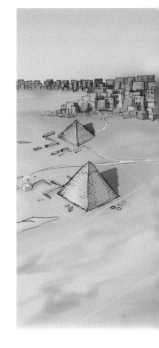

E n nuestro planeta existen grandes extensiones de terreno donde predomina el clima árido, es decir, donde llueve muy poco. Estas zonas suelen denominarse *desiertos*. Si bien son las regiones menos pobladas de la Tierra, en algunos surgieron las primeras ciudades de la historia y en otros hay modernas urbes en pleno desarrollo.

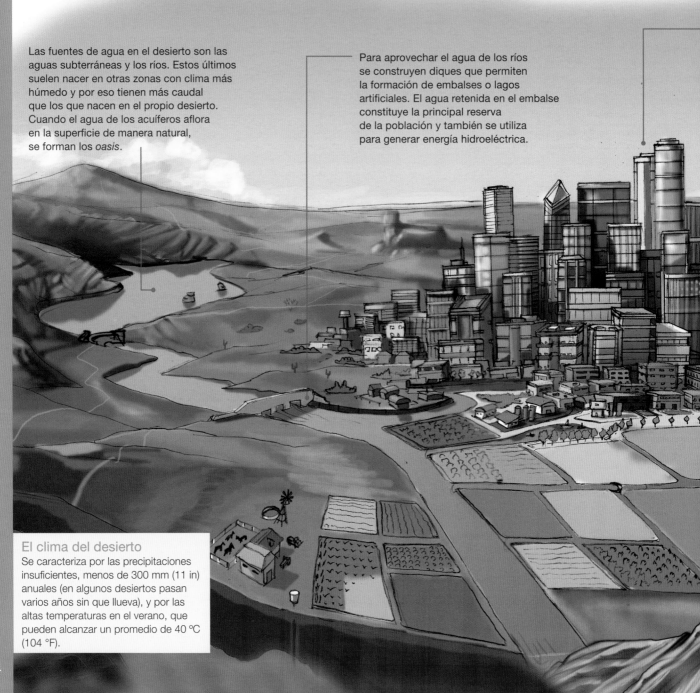

Las fuentes de agua en el desierto son las aguas subterráneas y los ríos. Estos últimos suelen nacer en otras zonas con clima más húmedo y por eso tienen más caudal que los que nacen en el propio desierto. Cuando el agua de los acuíferos aflora en la superficie de manera natural, se forman los *oasis*.

Para aprovechar el agua de los ríos se construyen diques que permiten la formación de embalses o lagos artificiales. El agua retenida en el embalse constituye la principal reserva de la población y también se utiliza para generar energía hidroeléctrica.

El clima del desierto
Se caracteriza por las precipitaciones insuficientes, menos de 300 mm (11 in) anuales (en algunos desiertos pasan varios años sin que llueva), y por las altas temperaturas en el verano, que pueden alcanzar un promedio de 40 ºC (104 °F).

Antiguas ciudades del desierto

Estas ciudades se localizaban junto a ríos alóctonos (los que tienen sus nacientes en zonas con mayores precipitaciones), como las poblaciones sumerias de la Mesopotamia asiática que se establecieron junto a los ríos Éufrates y Tigris. También surgió una civilización urbana en el noreste de África, en el antiguo Egipto, a lo largo del río Nilo. Entre las ciudades que se han desarrollado en el desierto, destaca El Cairo, la capital de Egipto y una de las más grandes del mundo. En la periferia de esta ciudad se encuentra una zona de gran valor arqueológico como las pirámides de Keops, Kefrén y Micerinos, con más de 4000 años de historia.

Ciudades que crecen

Entre las ciudades que más crecen en el mundo se encuentran las ubicadas en desiertos donde se explotan yacimientos de petróleo. Una de las más importantes es Dubai, situada en un país pequeño pero muy rico gracias al petróleo: los Emiratos Árabes Unidos. En ella se llevan a cabo importantes proyectos: tiene el hotel más alto del mundo; se está terminando también el edificio más alto del mundo, y se construyen en el mar islas artificiales como las de los proyectos *The Palm* y *The World Islands,* que albergarán numerosos hoteles, viviendas y oficinas.

Dubai, ubicada a orillas del golfo Pérsico y al este de la península Arábiga, fue en sus comienzos un pequeño asentamiento cuyos pobladores vivían de la pesca y el comercio de piedras preciosas.

En el siglo XIX el jeque Maktum bin Buti dio impulso al comercio a partir de la excelente ubicación del puerto. Dubai se convirtió así en el principal puerto de entrada al golfo Pérsico (la mayor parte de la explotación y exportación de petróleo en la región pasa por allí) y en un centro del comercio de perlas.

Desde finales de la década de 1950 se ha producido el mayor crecimiento de Dubai. Actualmente, se ha dado impulso a otras actividades, como la construcción y el turismo. Aunque no es la capital política de la Unión de Emiratos Árabes (es Abu Dabi), en ella se llevan a cabo las principales transacciones comerciales.

Cuando las ciudades del desierto crecen, suelen surgir problemas relacionados con el abastecimiento de agua. Esto ocurre especialmente en los barrios residenciales de las afueras de la ciudad. Es muy común que los gobiernos pongan en práctica planes de racionalización e incentiven a la población para cambiar sus hábitos de consumo.

Muchos de los grandes yacimientos de petróleo están en los desiertos. Este se extrae en grandes cantidades, ya que es una de las principales fuentes de energía en todo el mundo. En el oeste de Asia (zona del golfo Pérsico) y el norte de África hay importantes yacimientos de petróleo y alrededor de varios de ellos se han desarrollado importantes ciudades.

Para obtener el agua que está a mucha profundidad se hacen pozos en el suelo y, mediante máquinas bombeadoras, se la eleva hasta la superficie. De esta manera, se pueden regar los cultivos y se abastece de agua a la población urbana.

¿**Qué** es un puerto?

Existen numerosas ciudades en el mundo que se asientan en la costa o en las orillas de un río. En general, el crecimiento de esas ciudades se vincula en gran medida a sus puertos, lugares que por sus características, naturales o artificiales, permiten que las embarcaciones realicen operaciones tanto de carga y descarga como de embarque y desembarque. Los puertos más importantes del mundo son los que se conectan el transporte marítimo mundial de carga.

El ferrocarril es un importante medio de transporte de carga; por eso, es común que en los grandes puertos se encuentren numerosas vías férreas.

El centro logístico del puerto está constituido por las oficinas portuarias en las que se organizan las actividades.

Los contenedores son grandes cajas metálicas que se usan para guardar y trasladar mercancías. Son descargados de los barcos y, sin abrirlos, se acoplan a camiones o vagones de tren para enviarlos a su destino.

En los almacenes se guarda durante cierto tiempo la mercancía.

Los muelles son zonas especialmente acondicionadas para permitir el atraque o la partida, así como la carga y descarga de embarcaciones.

Se denomina *dique* a las construcciones defensivas, especialmente construidas en los puertos marítimos, para contener el agua del mar y lograr superficies de aguas tranquilas en el antepuerto.

Las dársenas son espacios navegables entre dos espigones. Allí los barcos pueden atracar o zarpar, cargar y descargar mercancías.

El faro sirve de guía a las embarcaciones que se acercan a la costa.

Los más importantes
El puerto de Rotterdam (Países Bajos) es el más grande del mundo. También son importantes el de Shanghai (China), Miami (Estados Unidos) o Algeciras.

Tipos de embarcaciones

1. En los grandes puertos la mayoría de los barcos son de carga: transportan contenedores, petróleo y grano, entre otras mercancías. En la actualidad, los barcos de carga de mayores dimensiones pueden transportar hasta 10 000 contenedores.
2. Los grandes barcos de pasajeros son los denominados *cruceros,* que pueden transportar una gran cantidad de personas. Por ejemplo, el crucero *Queen Mary II* tiene capacidad para más de 2500 pasajeros.
3. Para la pesca litoral o costera que se lleva a cabo en las inmediaciones de la costa, se utilizan en general pequeñas embarcaciones movidas por motores. La pesca de altura o de mar adentro se realiza con embarcaciones más grandes, que incluso tienen cámaras frigoríficas para conservar los productos capturados.
4. Los transbordadores son embarcaciones destinadas al transporte de personas, mercancías, vehículos, ganado, etc., en trayectos cortos, como el cruce de un río o el servicio entre islas. El transbordador se conoce internacionalmente con el nombre de *ferry*.

El puerto deportivo es un área especialmente diseñada para las embarcaciones deportivas o de recreo.

El antepuerto es el espacio donde las aguas están protegidas en forma natural o artificial. Allí los barcos pueden fondear el ancla, en espera de mareas que permitan entrar en el puerto.

El espigón es una construcción artificial que sirve de embarcadero. A lo largo de los espigones se construyen los muelles.

Silos

En algunos puertos hay silos o elevadores para el almacenamiento de grano. En el interior de cada celda (en la ilustración tienen forma de cilindro, pero pueden ser cuadradas, circulares, poligonales, rectangulares, etc.) se guardan los granos. El ascenso del grano hasta el piso superior se realiza con la ayuda de elevadores. Estos silos también tienen mecanismos para la limpieza del grano (generalmente dispuestos en la planta inferior), el control de temperaturas, el llenado de las celdas, etc.

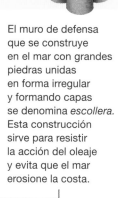

El muro de defensa que se construye en el mar con grandes piedras unidas en forma irregular y formando capas se denomina *escollera*. Esta construcción sirve para resistir la acción del oleaje y evita que el mar erosione la costa.

El canal de acceso al puerto suele ser dragado (se extrae material del lecho del mar o del río) para mantener una profundidad acorde con el calado de los barcos.

¿**Cómo** se puede construir una ciudad sobre el agua?

Venecia es una antigua ciudad italiana construida en el medio de una laguna en la costa del mar Adriático. Es una de las ciudades turísticas más importantes del mundo y por sus construcciones y obras de arte fue declarada Patrimonio de la Humanidad. Su principal característica, el hecho de haber sido construida sobre el agua, es también su mayor problema, ya que se vaticina su hundimiento si no se toman medidas para salvarla.

El origen de Venecia se remonta al siglo v, cuando tropas romanas se refugiaron en las islas de la laguna huyendo de los invasores bárbaros. La población que se asentó en ese lugar pantanoso fue construyendo poco a poco una ciudad que, al cabo de un tiempo, se convirtió en el centro de la República de Venecia y en el principal puerto marítimo para las mercancías que se transportaban entre Occidente y Oriente.

En el siglo xvi el puerto de Venecia perdió protagonismo porque surgieron nuevas rutas marítimas que no pasaban por la ciudad.

La ciudad fue declarada en 1987 Patrimonio de la Humanidad por la Unesco.

Está edificada sobre 118 pequeñas islas, separadas por 160 canales y unidas por más de 400 puentes.

Un proyecto que divide las aguas

En los últimos años adquirió importancia un proyecto para proteger a la ciudad de las inundaciones, que ha sido bautizado con el nombre de *Mose* (nombre italiano de Moisés y acrónimo de *Modulo Sperimentale Elettromeccanico*). El proyecto consiste en la instalación de grandes compuertas en las tres zonas de contacto entre el mar y la laguna. Las compuertas permanecen cerradas en el fondo de la laguna y, cuando se calcula que la marea será superior a 1,10 m (3.6 ft) sobre el nivel del mar, se elevan formando diques de contención para que el agua marina no entre o lo haga en menor medida. Este proyecto, cuya finalización se prevé para el año 2011, ha suscitado muchas polémicas por su alto coste y porque muchos ecologistas consideran que si las compuertas permanecen abiertas mucho tiempo, el agua de la laguna no tendrá intercambio con el agua de mar y, en consecuencia, podría estancarse y ensuciarse, lo que además dañaría los ecosistemas del lugar.

1. El agua del mar es retenida por la compuerta elevada, que funciona como un dique de contención.
2. Las compuertas móviles son parte de un mecanismo que se instala en el fondo de la laguna.

Ferrocarril

La plaza San Marcos está delimitada por famosos edicios como la basílica de San Marcos, el Palacio Ducal y la Torre del Reloj, entre otros.

El Gran Canal es el más ancho de Venecia y funciona como una calle principal. Tiene aproximadamente 3 km (1.8 mi) y un recorrido en forma de «S». En sus orillas se levantan cerca de 200 palacios construidos principalmente entre los siglos XIII y XVIII, tienen variados estilos: gótico, barroco o neoclásico.

Laguna de Venecia

Otras ciudades con canales
En Europa y en otras partes del mundo se encuentran ciudades recorridas por canales, como Ámsterdam en los Países Bajos, San Petersburgo en Rusia y Shanghai en China.

Ciudad sobre pilotes

Los edificios se han construido sobre millones de pilotes de madera clavados en la tierra pantanosa. La ilustración muestra una zona en la que han bajado las aguas y pueden verse los cimientos de los edificios.

Vaporettis y góndolas

Además del Gran Canal, la ciudad es recorrida por numerosos canales de menores dimensiones en los que se desplazan distintos tipos de embarcaciones, como los *vaporetti*, que transportan personas y abastecen a la ciudad de mercancías, y las *góndolas*, utilizadas principalmente para llevar de paseo por los canales a los turistas.

¿**Por qué** hay contaminación en la ciudad?

Uno de los principales problemas que afrontan las ciudades contemporáneas es la contaminación ambiental, es decir, la presencia en el ambiente de cualquier agente físico, químico o biológico en formas y concentraciones que pueden ser nocivas para los seres vivos. Entre los agentes contaminantes de las ciudades destacan el transporte motorizado y las industrias.

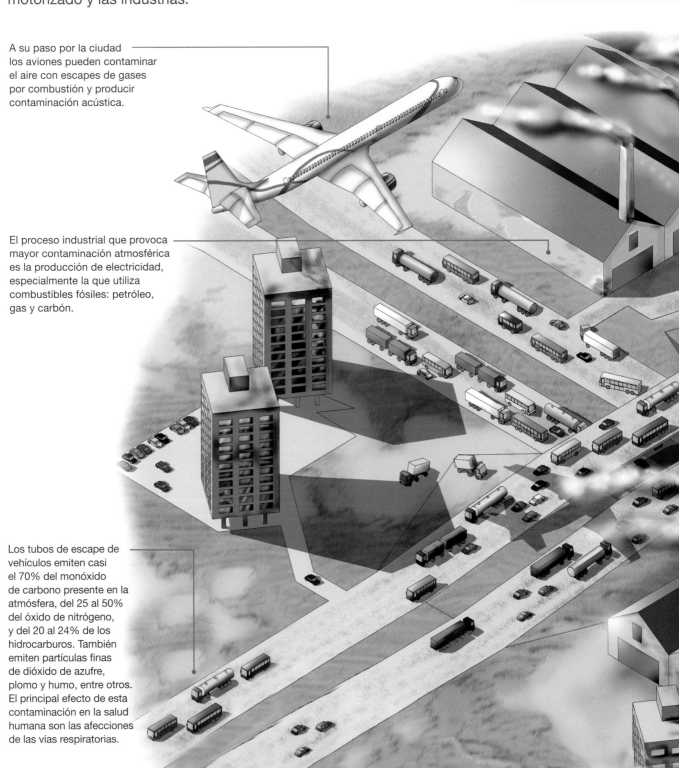

A su paso por la ciudad los aviones pueden contaminar el aire con escapes de gases por combustión y producir contaminación acústica.

El proceso industrial que provoca mayor contaminación atmosférica es la producción de electricidad, especialmente la que utiliza combustibles fósiles: petróleo, gas y carbón.

Los tubos de escape de vehículos emiten casi el 70% del monóxido de carbono presente en la atmósfera, del 25 al 50% del óxido de nitrógeno, y del 20 al 24% de los hidrocarburos. También emiten partículas finas de dióxido de azufre, plomo y humo, entre otros. El principal efecto de esta contaminación en la salud humana son las afecciones de las vías respiratorias.

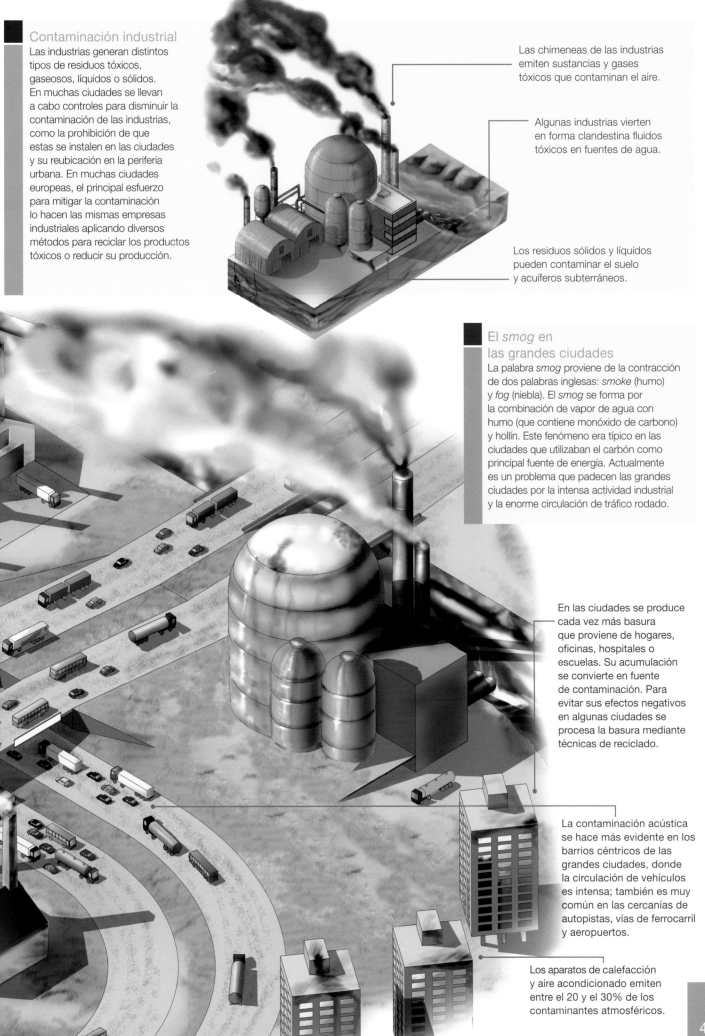

Contaminación industrial

Las industrias generan distintos tipos de residuos tóxicos, gaseosos, líquidos o sólidos. En muchas ciudades se llevan a cabo controles para disminuir la contaminación de las industrias, como la prohibición de que estas se instalen en las ciudades y su reubicación en la periferia urbana. En muchas ciudades europeas, el principal esfuerzo para mitigar la contaminación lo hacen las mismas empresas industriales aplicando diversos métodos para reciclar los productos tóxicos o reducir su producción.

Las chimeneas de las industrias emiten sustancias y gases tóxicos que contaminan el aire.

Algunas industrias vierten en forma clandestina fluidos tóxicos en fuentes de agua.

Los residuos sólidos y líquidos pueden contaminar el suelo y acuíferos subterráneos.

El *smog* en las grandes ciudades

La palabra *smog* proviene de la contracción de dos palabras inglesas: *smoke* (humo) y *fog* (niebla). El *smog* se forma por la combinación de vapor de agua con humo (que contiene monóxido de carbono) y hollín. Este fenómeno era típico en las ciudades que utilizaban el carbón como principal fuente de energía. Actualmente es un problema que padecen las grandes ciudades por la intensa actividad industrial y la enorme circulación de tráfico rodado.

En las ciudades se produce cada vez más basura que proviene de hogares, oficinas, hospitales o escuelas. Su acumulación se convierte en fuente de contaminación. Para evitar sus efectos negativos en algunas ciudades se procesa la basura mediante técnicas de reciclado.

La contaminación acústica se hace más evidente en los barrios céntricos de las grandes ciudades, donde la circulación de vehículos es intensa; también es muy común en las cercanías de autopistas, vías de ferrocarril y aeropuertos.

Los aparatos de calefacción y aire acondicionado emiten entre el 20 y el 30% de los contaminantes atmosféricos.

¿**Quiénes** organizan la ciudad?

En una ciudad hay numerosos problemas que resolver cotidianamente. Las actividades de las personas influyen en el funcionamiento urbano. Por otra parte, los ciudadanos tienen necesidades que deben ser satisfechas. Desde la Antigüedad, cuando Atenas era una polis griega, las ciudades han sido sede de gobiernos locales que atienden los problemas urbanos. La forma más difundida es la del municipio.

El alumbrado y limpieza de la vía pública, así como la organización del tráfico y el arreglo y mantenimiento de las calles, son funciones específicas de los gobiernos municipales.

El cuerpo de bomberos se encarga de prevenir y extinguir incendios. Pero también se ocupa de asistir a personas o animales en caso de accidentes domésticos o en la vía pública. Es un servicio que depende de cada comunidad y los bomberos son funcionarios públicos.

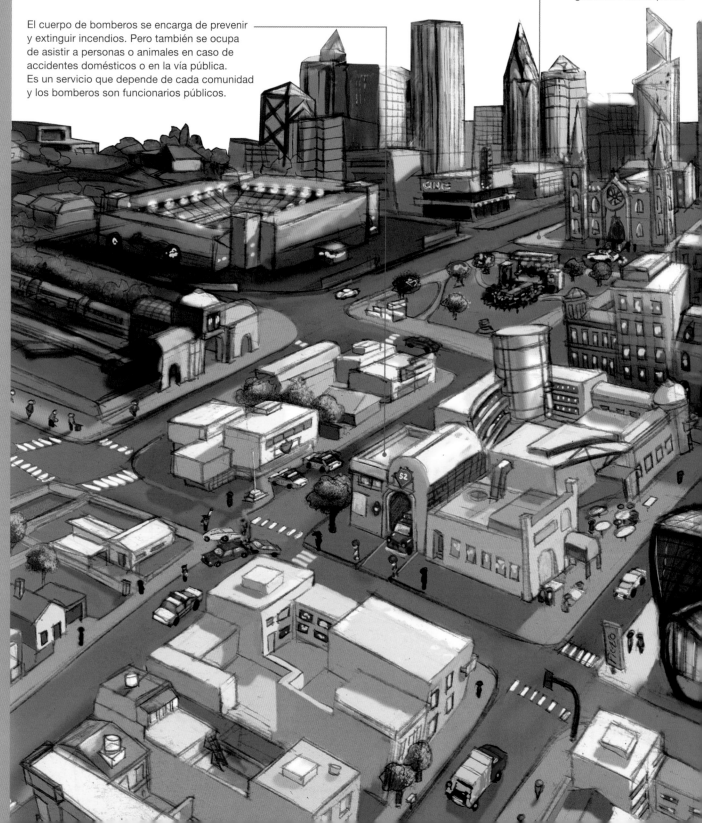

El gobierno de las ciudades españolas

Las ciudades españolas tienen un gobierno propio, el ayuntamiento, presidido por el alcalde y constituido por un cuerpo de concejales, cada uno especializado en una materia: urbanismo, medio ambiente, asuntos sociales, etc. El gobierno del ayuntamiento es elegido democráticamente por los ciudadanos, y sus atribuciones se recogen en la Carta Municipal. El ayuntamiento establece cuál va a ser el presupuesto y cómo se va a repartir para atender a las necesidades de la ciudad. Asimismo, elabora el Plan General de Ordenación Urbana, en el que se determina el uso que se ha de dar al suelo en cada zona de la ciudad y las características de los edificios.

Código urbano

El municipio elabora pautas o normas para organizar la ciudad a través del Plan de Ordenación Urbana. Este plan determina cómo se pueden usar los distintos lugares de la ciudad, qué está permitido construir en ellos, qué áreas deben preservarse por motivos históricos, arquitectónicos o ambientales. También establece la diferencia entre distintas zonas de la ciudad para señalar en cuáles se permite desarrollar actividades comerciales o industriales, cuáles son solo residenciales, en cuáles no se autorizan construcciones de muchos pisos o cuáles están reservadas para usos futuros.

La policía y el poder judicial son las instituciones encargadas de implementar acciones de control y establecer sanciones frente a los hechos delictivos.

Las sedes de los gobiernos locales reciben distintos nombres: ayuntamiento, alcaldía, concejalía, etc. En general, este nivel de gobierno se encarga de garantizar el acceso a servicios de salud y de educación, el suministro de agua potable, la higiene y el saneamiento de los espacios públicos, la protección policial, el servicio de bomberos y la organización de actividades culturales y de entretenimiento, entre otros.

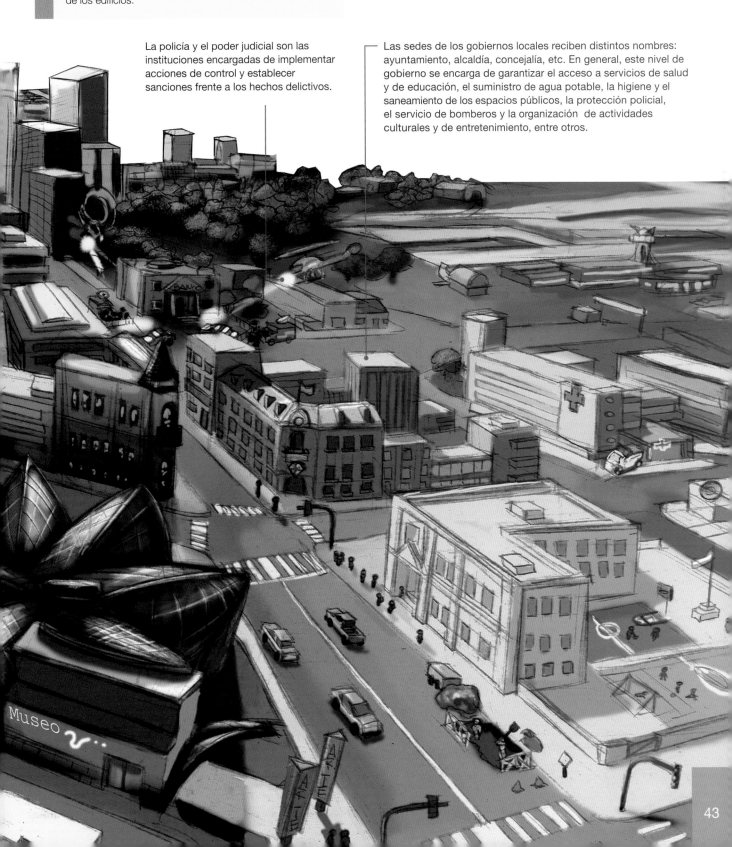

Museo

¿**Qué** es el tráfico?

El tráfico es la circulación de personas y vehículos por calles, carreteras, avenidas o autopistas. Entre los medios de transporte destacan los coches particulares o de servicio público (como los autobuses). En las ciudades más grandes, el número de automóviles, especialmente el de los particulares, crece constantemente.

Las señales de tráfico pueden ser:

a. *Señales luminosas:* el semáforo y los intermitentes de los automóviles.
b. *Señales horizontales:* las marcas pintadas o colocadas sobre la calzada, como el paso de cebra o las flechas de giro.
c. *Señales verticales:* los símbolos o textos colocados en carteles.
d. *Señales manuales:* por ejemplo, las que hacen los guardias de circulación o agentes de movilidad.

La señalización vial es un conjunto de marcas o indicaciones que ayudan a ordenar el tránsito y a garantizar la seguridad. Están dirigidas a conductores y peatones. Su diseño garantiza que personas de diversas lenguas y culturas puedan interpretar su mensaje.

Las señales brindan información útil para orientar o guiar a conductores y peatones con el objetivo de facilitar el tráfico.

Señal luminosa

Responsabilidades compartidas

El buen funcionamiento del tráfico en una ciudad es responsabilidad de conductores y peatones. Por eso es necesario estar informado, tener cuidado, prestar atención y respetar las señales viales. Además, las autoridades y los funcionarios públicos deben garantizar que las vías públicas se encuentren en condiciones de ser transitadas, así como fijar las normas, darlas a conocer y exigir que se cumplan.

Ciclistas y bicicletas

Las bicicletas pueden utilizarse como medio de transporte alternativo pero deben respetar las normas de tráfico como cualquier vehículo. En algunas ciudades, como Amsterdam (Países Bajos) se han trazado vías especiales para el tránsito de bicicletas (carril bici). ¿Qué debe hacer un ciclista responsable? Verificar que su bicicleta se encuentra en buen estado, circular por los carriles bici, usar casco y ropa reflectante.

Los peatones son las personas que transitan a pie. Tienen libre tránsito por las aceras, pero en las calzadas deben seguir normas establecidas como, por ejemplo, cruzar por los pasos de cebra y respetar las señales de los semáforos.

Las señales reglamentarias indican lo que está prohibido o permitido. Es obligatorio cumplirlas.

Señal vertical

Las señales preventivas alertan sobre algún peligro u obstáculo para que los conductores o peatones tomen precauciones.

Señal horizontal

¿**Cómo** se distribuyen las redes de servicios básicos?

Algunos de los servicios básicos urbanos se distribuyen a través de redes de tuberías o cables, como la electricidad, el teléfono, el gas, la televisión por cable o el alcantarillado. La infraestructura de las redes puede recorrer las calles de forma subterránea o aérea. Cuanto más grande es la ciudad, mayor es el espacio subterráneo que estas redes ocupan.

Desagüe pluvial

Una red de cañerías subterráneas es la que elimina el agua de lluvia que cae en la ciudad. Está formada por bocas de tormenta (A) por donde discurre el agua desde la calle hacia los conductos pluviales (B). Estos la conducen hacia su destino final, que, por lo general, es una fuente de agua, como un río o el mar. Para poder acceder a la red existen tapas de metal en las calles: las alcantarillas (C). Los conductos se deben limpiar periódicamente para que no se produzcan obstrucciones en el proceso de desagüe.

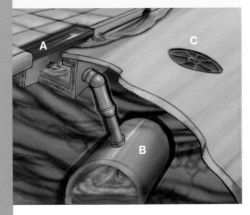

El gas se transporta desde las zonas donde se extrae, a través de gasoductos, hasta las estaciones de distribución urbanas. El flujo del gas a través de las tuberías de acero se logra mediante presión. Es fundamental el mantenimiento de esta red tanto para controlar la presión necesaria para el flujo del gas dentro de las tuberías como para evitar escapes.

No todas las ciudades o barrios urbanos tienen abastecimiento de gas por cañerías. En este caso, la función del gas es reemplazada por bombonas de butano o por la electricidad mediante el uso de estufas o cocinas eléctricas.

La red de cables telefónicos está formada por ramilletes de cables de cobre dentro de cañerías. En la actualidad estos cables se están reemplazando por delgadas extensiones de fibra óptica, ya que tienen la ventaja de permitir que la luz se transporte sin pérdidas entre los extremos de los cables, son capaces de transmitir muchísima más información sin interrupciones y no se estropean con la humedad.

Red de agua potable y desagüe de aguas residuales

Desde la planta de potabilización el agua se transporta a través de tuberías hasta los depósitos de reserva dentro de la ciudad. Desde allí se envía a las estaciones de bombeo para su distribución. La red de tuberías que se extiende por debajo de la ciudad asemeja las ramas que se bifurcan desde el tronco de un árbol.

Las tuberías principales conducen el agua desde las estaciones de bombeo hacia los barrios. De allí salen una serie de cañerías secundarias que se distribuyen calle por calle (1a). Otras más pequeñas (1b) unen las secundarias a la red de cañerías dentro de cada edificio.

Para la evacuación de las aguas residuales hay otra gigantesca red de cañerías anchas (2) y de material resistente a la acción química, que pasa a por lo menos a 3 m (9 ft) por debajo de la calle, muy alejada de las tuberías de agua potable para reducir la posibilidad de mezcla e infección. El desagüe de aguas residuales comienza con la descarga a través de las cañerías de los edificios hacia otras de mayor diámetro, llamadas *laterales*. Estas se conectan a los colectores secundarios, y luego a los principales hasta llegar al colector general. Este último es la tubería mayor del sistema que se encarga de transportar las aguas residuales hacia su destino final: las instalaciones de tratamiento para la depuración u otros flujos de agua (ríos, mares, etc.).

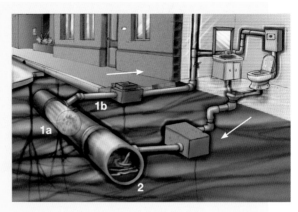

La electricidad producida en las centrales (térmicas, hidroeléctricas, nucleares) se transporta a través de cables de alta tensión hasta los centros de transformación o subestaciones, donde la tensión se reduce. Antes de entrar en los domicilios la electricidad pasa por una pequeña central ubicada en las aceras.

La electricidad y el teléfono se distribuyen mediante cables. En algunas ciudades el cableado es subterráneo, especialmente en las que tienen infraestructuras más modernas. En otras, la red es aérea y se lleva a los domicilios por medio de postes en las aceras.

La red de grandes tuberías de saneamiento urbano es la infraestructura a través de la cual se realiza:
1. La provisión de agua potable (agua corriente para domicilios y otros espacios urbanos).
2. La evacuación de aguas residuales. Estas cañerías deben instalarse por debajo de las cañerías de agua potable.
3. La evacuación de los desagües pluviales. Estas cañerías son las más grandes y están construidas a mayor profundidad.

¿**Qué** pasa en una ciudad cuando nieva?

E n algunas ciudades del mundo, durante la estación invernal, cuando la temperatura desciende mucho se producen nevadas. Si son intensas y duran varios días, cubren gran parte de la ciudad y pueden producir tanto efectos positivos como negativos en la vida de las personas.

La nieve se produce cuando el vapor de agua en la atmósfera se solidifica por el descenso de la temperatura a menos de 0 ºC (32 °F). Se forman entonces cristales de hielo que se agrupan en copos de textura suave.

En las ciudades rodeadas de montañas, la nieve permite la práctica de deportes de invierno, como el esquí.

Cuando la nieve es intensa dificulta la visibilidad, es decir, la distancia horizontal máxima a la que un observador puede distinguir claramente algunos objetos de referencia en el horizonte.

Las nevadas intensas pueden dejar casi paralizada a una ciudad. En las calles y avenidas, debido a que se forman capas de nieve y hielo, los vehículos generalmente no pueden circular.

Quitar la nieve

Cuando para de nevar es necesario quitar la nieve acumulada para poder retomar las actividades cotidianas. Algunas personas utilizan palas, y otras necesitan maquinarias especiales. En general, las autoridades locales suelen enviar a distintas partes de la ciudad máquinas quitanieve para despejar las calles y carreteras.

La mayoría de las ciudades suelen recuperar en pocos días la actividad tras una nevada. Sin embargo, núcleos urbanos más pequeños a veces quedan aislados e incomunicados hasta que cesa la nevada.

Es posible que durante grandes nevadas se congele el agua en las tuberías o se produzcan cortes en los servicios de electricidad, comunicaciones o gas. Numerosas actividades a veces quedan interrumpidas, por ejemplo, las clases en las escuelas.

¿Dónde nieva?

Las nevadas se producen, en general, en ciudades que se encuentran en latitudes mayores a los 35° y donde los inviernos tienen numerosos días con temperaturas por debajo de los 0 °C (32 °F). Moscú (Rusia), Toronto (Canadá), Nueva York o Chicago (Estados Unidos), entre otras, son ciudades donde son frecuentes las nevadas. En los países donde el clima es frío continental, como con el interior de Canadá o en Rusia, las temperaturas bajan en invierno a menos de 35 °C (95 °F), y las ciudades tienen nieve durante unos ocho meses al año.

Medios de transporte

Debido a lo complicado que es para los transportes circular por la ciudad, las personas utilizan medios especiales para la nieve, como trineos o esquíes.

¿Más ciudades blancas por el cambio climático?

Existe cada vez mayor consenso en que se está produciendo un cambio climático en el planeta. Una de las consecuencias de ese proceso es que algunas ciudades donde nevaba poco o donde era poco probable que eso ocurriera han tenido precipitaciones níveas fuera de lo común en los últimos años.

Jugar y divertirse con la nieve

Las nevadas también generan satisfacción en los habitantes de la ciudad. Muchos se divierten haciendo muñecos, guerras de bolas de nieve, o simplemente disfrutan al ver cómo caen los copos blancos.

¿**Qué** medios de comunicación se usan en la ciudad?

En las ciudades hay una gran variedad y cantidad de medios de comunicación. A través de ellos, las personas se comunican entre sí, obtienen información y se entretienen. Los medios pueden agruparse en sonoros o auditivos (la radio y el teléfono), impresos o escritos (los periódicos, las revistas y los libros), audiovisuales (el cine y la televisión) y multimedia (Internet y la televisión digital).

Muchas ciudades se caracterizan por tener una enorme cantidad de carteles y anuncios publicitarios. Cuando el número de ellos es excesivo puede provocar contaminación visual.

Telefonía inalámbrica

La telefonía móvil es un sistema de comunicación inalámbrico. Los sonidos se transforman en ondas electromagnéticas que se propagan por el aire hasta ser captadas por antenas y convertidas nuevamente en un mensaje.

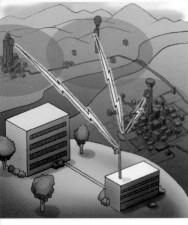

El correo electrónico, el *chat* y los mensajes de texto están reemplazando poco a poco al correo postal tradicional. Por otra parte, la telefonía móvil está avanzando sobre la telefonía fija. En los países desarrollados ya ha llegado a superarla. Por ejemplo, en Finlandia, a finales de 2006, el 74,6% de las llamadas realizadas en el país fueron hechas desde teléfonos móviles.

Los medios masivos de comunicación son los que, por su infraestructura y tecnología, emiten mensajes a una gran cantidad de receptores: el público consumidor. La mayor parte de la información se transmite a través de los periódicos y la televisión, y, específicamente, de los informativos.

La prensa escrita sigue siendo muy popular. En cada ciudad suele haber una oferta de tres o cuatro periódicos diferentes.

Ciudades del mundo comunicadas instantáneamente

Los cables submarinos y los satélites artificiales permiten que se establezcan conexiones internacionales entre los ordenadores, sin importar lo lejos que estén unas de otras. En la actualidad, el funcionamiento de la red de Internet depende principalmente de los cables submarinos, que se extienden entre un continente y otro atravesando el fondo de los océanos.

Las innovaciones en telecomunicaciones permiten la transmisión y recepción instantánea de grandes cantidades de información en distintos formatos (escritos, sonoros y visuales) mediante los satélites, el láser y los cables de fibra óptica.

El desarrollo de la microelectrónica permitió la aparición de los ordenadores y dio inicio a la era de la informática o digital. La digitalización es el conjunto de procedimientos que permiten, mediante programas informáticos, almacenar, procesar y presentar textos, imágenes y sonidos con una gran calidad.

La red de Internet está constituida por un conjunto de ordenadores y equipos distribuidos por todo el mundo, y físicamente conectados mediante cables u ondas (en forma inalámbrica). El servicio se ha difundido con bastante rapidez en todo el mundo.

¿**Qué** ventajas tiene viajar en metro?

Alrededor de 120 grandes ciudades del mundo cuentan con una red de metro que cubre total o parcialmente cada ciudad, facilitando la llegada de los ciudadanos a diferentes puntos de las mismas. Se trata de un tren que tiene su propia vía de circulación y se moviliza mediante electricidad en el nivel subterráneo de la ciudad. De este modo, transporta de forma rápida a un gran número de pasajeros. Muchos urbanistas y arquitectos consideran que, si bien su construcción es compleja, es el medio de transporte ideal para una ciudad.

Para acceder al metro se desciende por una escalera o ascensor que se encuentra en la acera. Se denomina boca de metro.

En algunos tramos de la red del metro, además de túneles y andenes, se pueden encontrar entradas directas a los centros comerciales.

La construcción del metro requiere grandes inversiones de capital, en infraestructura y equipamientos; por eso, se construye preferentemente en ciudades de más de un millón de habitantes.

Para construir los túneles del metro se extraen miles de toneladas de tierra con las tuneladoras.

La red del metro está formada por distintas vías o líneas de trenes que circulan en diversos niveles de profundidad bajo la ciudad.

¿Cómo se hacen los túneles subterráneos?

La construcción de una red de subterráneos se inicia con el cavado de los túneles. Se empieza con un pozo a cielo abierto y luego se introduce una potente máquina perforadora, la tuneladora, que va abriendo un túnel en las capas subterráneas del terreno. Esta máquina también reviste el túnel de hormigón armado a medida que avanza, completando el proceso. En cada tramo de túnel terminado se tienden las vías y se construyen los andenes.

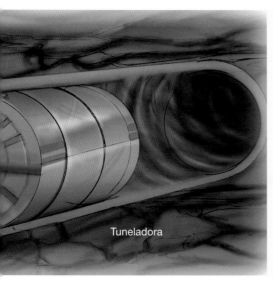

Tuneladora

Una red de túneles

Los túneles son básicamente cilíndricos, y a través de ellos se distribuyen las vías, los cables eléctricos que permiten el funcionamiento de los trenes, las señales de tráfico y el alumbrado. Además de estos túneles se excavan otros para los ascensores, las escaleras, los pasos de peatones, las galerías y los conductos de ventilación.

Los trenes van por raíles de uso exclusivo y, en general, utilizan ruedas de acero. Una sola persona puede conducir un tren, ya que dispone de diversas formas de control automático. La velocidad de los trenes es de unos 35 a 45 km/h (21 a 27 m/h). Las estaciones tienen andenes altos dispuestos al nivel de las puertas de los vagones para permitir la entrada y salida rápida de los pasajeros. La distancia de una estación a otra varía entre 400 y 1000 m (0.2 y 0.6 mi), aproximadamente.

En la superficie circulan diversos medios de transporte que suelen generar importantes congestionamientos, así, el metro fue pensado como una alternativa para evitar problemas de tráfico.

El metro está formado por varias líneas de trenes que recorren distintas partes de la ciudad. Esas líneas se conectan entre sí formando una red.

Además de los trenes, el metro está compuesto por túneles o viaductos, vías, estaciones de pasajeros, subestaciones de alimentación eléctrica, sistemas de señalización y automatización y talleres de mantenimiento.

El metro de Madrid es el que posee una mayor red de estaciones y kilómetros de toda España. Se inauguró en 1919 y actualmente es la tercera red en el mundo (tras Londres y Nueva York), con más de 300 kilómetros (186 mi) de cobertura.

¿**Cómo** son los principales rascacielos del mundo?

rascacielos

Un rascacielos es un edificio con numerosas plantas habitables que sobresale respecto al resto de las construcciones. Desde finales del siglo XIX Nueva York y Chicago, en Estados Unidos, destacaron como las ciudades de los rascacielos. A partir de la década de 1990, estas construcciones se multiplicaron en otras ciudades. En el este de Asia y en los países árabes se construyen rascacielos que compiten por llegar a ser los más altos del mundo.

El Chrysler
El edificio Chrysler, es un símbolo de la ciudad de Nueva York, Estados Unidos. Su construcción finalizó en 1930. Tiene 77 plantas y 319 m (984 ft) de altura.

¿Cómo se miden?

En general, los rascacielos se miden desde el nivel de la calle hacia arriba (no se tienen en cuenta las plantas del subsuelo, que suelen ser más de una). Pero para determinar cuál es la culminación del edificio, no siempre se utilizan los mismos criterios, ya que se pueden medir distintos elementos: a) la cornisa, que es donde termina la última planta habitable y comienza el techo; b) el pináculo, que es la terminación con diseño ornamental, comúnmente en forma de cono; o c) la antena, en el caso de que la posea.

Jin Mao
Shanghai, China. Se concluyó en 1998. Tiene 88 plantas y su altura de pináculo es 420,50 m (1,379 ft).

Citic Plaza
Guangzhou, China. Terminado en 1997. Tiene 80 plantas y una altura de 391 m (1,282 ft).

Burj-Al-Arab
Dubai, Unión de Emiratos Árabes. Se terminó en 1999 en una isla artificial. Tiene 60 plantas, funciona exclusivamente como hotel y su altura es de 321 m (1,053 ft).

Emirates Office Tower
Dubai, Unión de Emiratos Árabes. Su obra concluyó en 2000. Tiene 54 plantas y 354,60 m (1,163 ft) de altura. Frente a esta torre se alza la Jumeirah Emirates Tower Hotel, de 309 m (1,013 ft) de altura.

Tuntex 85 Sky Tower
Kaohsiung, Taiwán. Finalizado en 1997. Tiene 85 plantas. Altura de cornisa: 347,50 m (1,140 ft), y de antena: 378 m (1,240 ft).

Ventajas y desventajas de los rascacielos

- Pueden concentrar numerosas actividades en una superficie escasa y en el centro de la ciudad, donde es difícil encontrar lugares para construir. Las empresas constructoras o inmobiliarias pueden vender o alquilar una gran cantidad de apartamentos para ser usados como viviendas, oficinas, salones de eventos, hoteles, etc.
- Requieren de una gran inversión en infraestructura contra incendios o terremotos y para la instalación de servicios básicos (agua, electricidad, teléfonos) destinados a una gran cantidad de población. Hay rascacielos que albergan tanta población como una ciudad pequeña (por ejemplo, las oficinas del Taipéi 101 pueden albergar a 12 000 empleados).

Algunos de los edificios más altos de España

Torre Repsol (Madrid): 250 m (820 ft).
Torre Sacyr-Vallehermoso (Madrid): 235 m. (754 ft)
Gran Hotel Bali (Benidorm): 186 m (610 ft).
Hotel Arts (Barcelona): 154 m (505 ft).
Torre Costa Rica (A Coruña): 119 m (390 ft).
Hotel Hilton (Valencia): 117 m (383 ft).

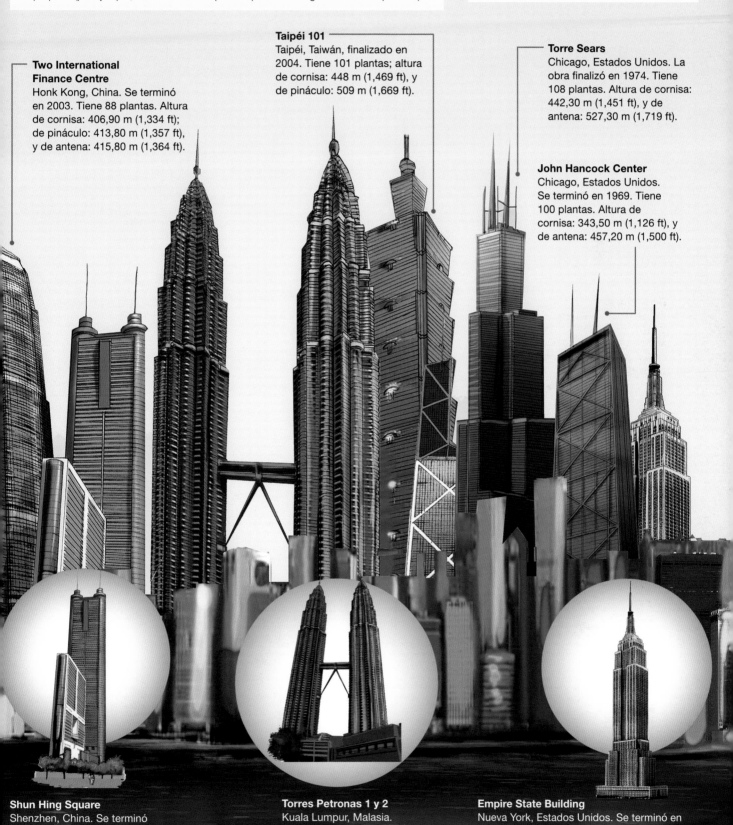

Two International Finance Centre
Honk Kong, China. Se terminó en 2003. Tiene 88 plantas. Altura de cornisa: 406,90 m (1,334 ft); de pináculo: 413,80 m (1,357 ft), y de antena: 415,80 m (1,364 ft).

Taipéi 101
Taipéi, Taiwán, finalizado en 2004. Tiene 101 plantas; altura de cornisa: 448 m (1,469 ft), y de pináculo: 509 m (1,669 ft).

Torre Sears
Chicago, Estados Unidos. La obra finalizó en 1974. Tiene 108 plantas. Altura de cornisa: 442,30 m (1,451 ft), y de antena: 527,30 m (1,719 ft).

John Hancock Center
Chicago, Estados Unidos. Se terminó en 1969. Tiene 100 plantas. Altura de cornisa: 343,50 m (1,126 ft), y de antena: 457,20 m (1,500 ft).

Shun Hing Square
Shenzhen, China. Se terminó en 1996. Tiene 69 plantas. Altura de cornisa: 324,80 m (1,065 ft), y de pináculo: 384 m (1,259 ft).

Torres Petronas 1 y 2
Kuala Lumpur, Malasia. Se terminó en 1998. Tiene 88 plantas y su altura de pináculo es 452 m (1,482 ft).

Empire State Building
Nueva York, Estados Unidos. Se terminó en 1931. Tiene 102 plantas y 381 m (1,250 ft). Es el edificio que conservó por más tiempo el título de rascacielos más alto del mundo.

¿En **qué** se trabaja en la ciudad?

En las ciudades la población realiza una gran variedad de actividades: comerciales, de servicios y, en menor medida, las vinculadas a la industria y a la construcción. La mayoría se llevan a cabo a cambio de una remuneración, y otras no tienen un fin económico, como las tareas domésticas y las caritativas. Los trabajadores pueden ser *autónomos* (es decir, que trabajan por su cuenta) o *asalariados* (es decir, que firman un contrato o están en relación de dependencia).

Las instituciones financieras como los bancos forman parte del sector servicios y son otra importante fuente de empleo en una ciudad.

El trabajo en el hogar se caracterizó históricamente por ser no remunerativo. En la actualidad, y gracias al avance de la informática, los medios de comunicación e Internet, aumenta en muchas ciudades el trabajo remunerado que se realiza desde el hogar. Es el caso por ejemplo de editores de libros o periodistas.

Los *servicios personales* son los que responden a las necesidades particulares de cada habitante. Abarcan una amplia gama de trabajos, desde peluquería hasta asesoría financiera.

Si bien hay numerosas ciudades que han destacado por su *actividad industrial,* en la actualidad el sector que tiene mayor cantidad de trabajadores es el terciario, es decir, los servicios.

Algunos de los trabajos urbanos son *servicios públicos*, como el correo, la telefonía, el transporte y las prestaciones sanitarias.

Son una fuente de empleo en el sector servicios de la ciudad. En general se agrupan en empresas, pero también es un servicio que brindan los autónomos; por ejemplo, algunos taxis u otro tipo de vehículos de alquiler.

El *turismo* es una actividad del sector servicios. En algunas ciudades genera numerosos puestos de trabajo vinculados con la atención al turista: los hoteles, los restaurantes, los comercios, los medios de transporte, etc.

Viajes

Luna

Hospital

El *trabajo de oficina* es el más común en las ciudades. Parte de él se vincula con las actividades administrativas y de gobierno, especialmente en las capitales provinciales y en las que tienen su sede las autoridades del gobierno local.

Los *servicios vinculados con la enseñanza* se desarrollan en todas las ciudades, aun en las más pequeñas. En las ciudades más grandes los centros educativos suelen tener varios niveles de enseñanza: infantil, primaria, secundaria y bachillerato. Las universidades suelen concentrarse en los llamados campus.

La *actividad comercial* es una fuente de trabajo para muchas personas. Puede estar organizada por empresas (supermercados, hipermercados o grandes superficies y centros comerciales) o ser realizada por cuenta propia en locales menores o en puestos de venta callejera.

¿**Qué** ofrece un
supermercado?

La mayoría de los alimentos que se consumen en las ciudades son vendidos en supermercados y grandes superficies. Esto ocurre principalmente en Europa y América del Norte, aunque en el resto del mundo hay cada vez más de estos establecimientos donde se realiza la venta minorista de bienes de primera necesidad y de uso cotidiano.

La distribución de los productos en las distintas estanterías suele ser el resultado de una planificación que apunta principalmente a incentivar la compra de productos. Por ejemplo, en un hipermercado o gran superficie, para comprar alimentos, el cliente puede tener que pasar primero por la sección de electrodomésticos, vestimenta o productos de belleza.

El local de un supermercado está formado básicamente por una serie de estanterías donde se exponen los productos; pasillos lo suficientemente amplios para que el consumidor los recorra con un carro y pueda coger los productos, y cajas registradoras, donde el cliente paga antes de salir del local.

Algunos productos tienen que colocarse en expositores especiales, como los que requieren conservación en frío (carnes, pescados, lácteos, productos congelados).

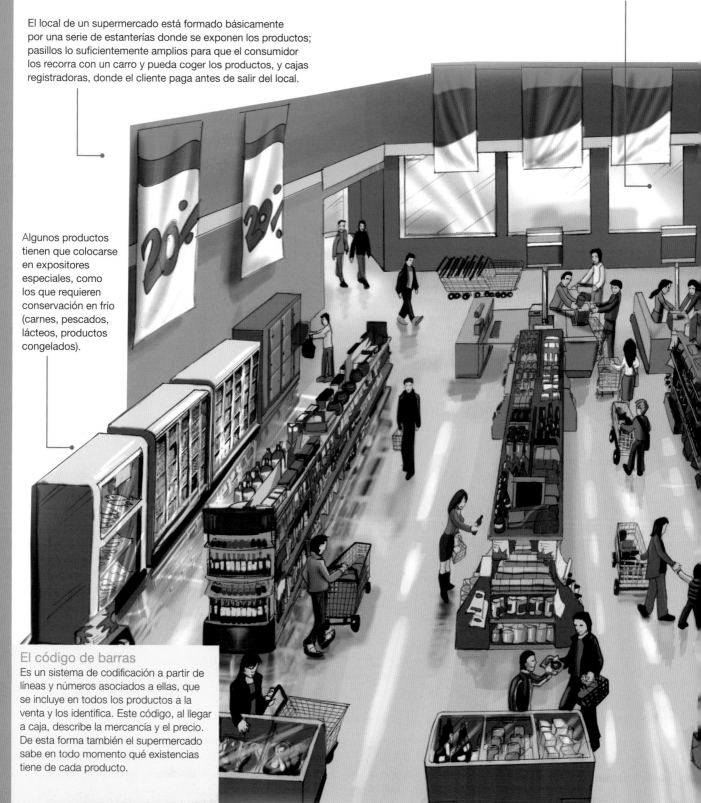

El código de barras
Es un sistema de codificación a partir de líneas y números asociados a ellas, que se incluye en todos los productos a la venta y los identifica. Este código, al llegar a caja, describe la mercancía y el precio. De esta forma también el supermercado sabe en todo momento qué existencias tiene de cada producto.

La primera cadena de supermercados

En 1916 el estadounidense Clarence Saunders lanza la primera cadena de supermercados del mundo a la que llamó Piggly Wiggly (que significa «cerdito ondulado»). Saunders también es considerado el padre de los supermercados, ya que organizó su tienda con la intención de favorecer el autoservicio y disminuir el trabajo de atención al público, manteniendo las tareas de cobro y reposición de mercancías.

¿Cómo serán los supermercados del futuro?

Se los llama supermercados inteligentes porque cuentan con un sistema de información digitalizada que se transmite por ondas de radio, con el objetivo de aumentar las posibilidades de autoservicio del cliente. Un establecimiento con características semejantes se encuentra en funcionamiento en la ciudad de Rheinberg (Alemania).

¿Cómo funciona un supermercado inteligente?

1. Desde el hogar se puede enviar por Internet la lista de compras al supermercado.
2. En el supermercado hay «carros inteligentes» provistos de un ordenador en el que el cliente puede ver, al escanear una tarjeta personal de identificación, la lista que envió desde su casa.

Los supermercados pueden agruparse según su tamaño en: *pequeños*, los de menos de 350 m^2 [3,767 ft^2] (autoservicios); *medianos*, los de 1500 a 4000 m^2 [16,145 a 43,000 ft^2] (supermercados), y *grandes*, los de más de 4000 m^2 [43,000 ft^2] (hipermercados o grandes superficies).

Este tipo de empresa al comprar grandes cantidades de productos consigue precios más baratos de los proveedores y de este modo puede ofrecer a los clientes (consumidores finales) ventajosas ofertas.

3. Cada producto tiene una etiqueta con un chip cargado de información sobre el mismo. Esa información puede ser transmitida por una red de ondas de radio a los ordenadores.
4. En cada pasillo hay antenas que forman una red de conexión inalámbrica por la que circula la información entre todos los ordenadores del supermercado. Esto permite que los empleados sepan en todo momento cuántos productos hay en las estanterías, cuántos se han vendido o cuántos se encuentran en depósito.
5. Los productos que se colocan en el carro son registrados y sumados, y en pantalla puede verse a cuánto asciende el valor de la compra.
6. En las cajas no es necesario sacar los artículos del carro porque la compra ya está registrada. El cliente puede pagar en efectivo ante un empleado. Si solicita que carguen el importe en su cuenta electrónica, recibe un mensaje de texto en su móvil para confirmar la operación.

¿**Por qué** están iluminadas las ciudades de noche?

Cuando llega la noche la ciudad se ilumina con un sinnúmero de luces que se encienden en las vías públicas y en los hogares. Aunque durante la noche la mayoría de la población descansa, en la ciudad hay una gran variedad de actividades que se siguen realizando y muchas personas permanecen despiertas.

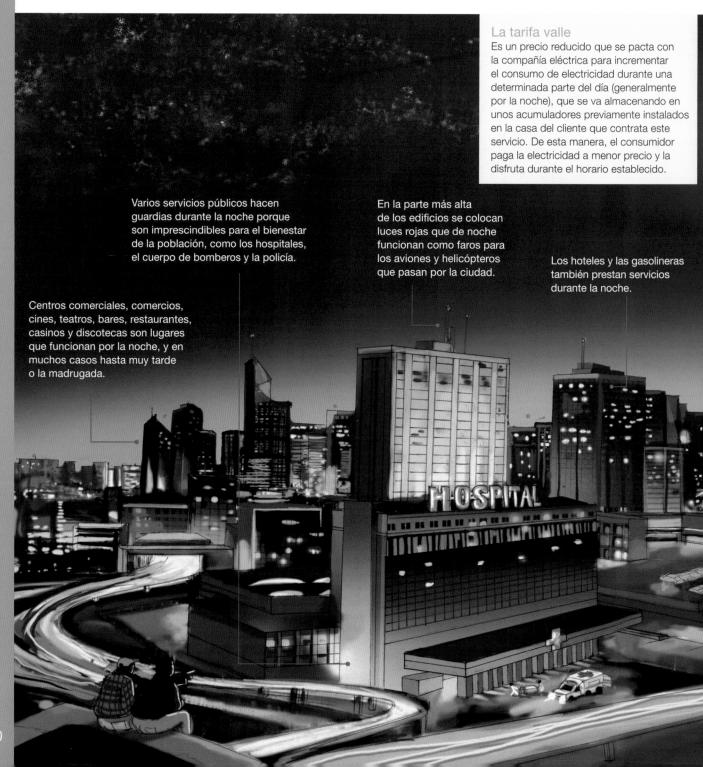

La tarifa valle

Es un precio reducido que se pacta con la compañía eléctrica para incrementar el consumo de electricidad durante una determinada parte del día (generalmente por la noche), que se va almacenando en unos acumuladores previamente instalados en la casa del cliente que contrata este servicio. De esta manera, el consumidor paga la electricidad a menor precio y la disfruta durante el horario establecido.

Varios servicios públicos hacen guardias durante la noche porque son imprescindibles para el bienestar de la población, como los hospitales, el cuerpo de bomberos y la policía.

En la parte más alta de los edificios se colocan luces rojas que de noche funcionan como faros para los aviones y helicópteros que pasan por la ciudad.

Los hoteles y las gasolineras también prestan servicios durante la noche.

Centros comerciales, comercios, cines, teatros, bares, restaurantes, casinos y discotecas son lugares que funcionan por la noche, y en muchos casos hasta muy tarde o la madrugada.

Ahorro de energía eléctrica en las ciudades

Actualmente se ha vuelto imprescindible el ahorro de energía eléctrica, debido a su creciente costo y a los problemas de contaminación que provoca su principal fuente: el petróleo. Por eso en muchas ciudades se ha comenzado a utilizar un tipo de alumbrado público que regula la intensidad de la luz de acuerdo con la luz natural en las distintas fases lunares.

La iluminación de las vías públicas como calles, avenidas y autopistas representa el 40% de la iluminación total de una ciudad.

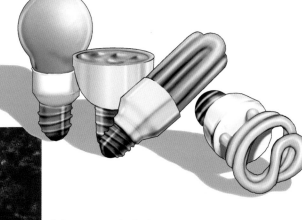

Lámparas de bajo consumo

No solo en las ciudades se necesita ahorrar energía, también es imprescindible en todos los hogares. Por eso es cada vez más frecuente el uso de lámparas de bajo consumo que ahorran electricidad porque tienen menos vatios, y duran más.

Las empresas que brindan servicios públicos de electricidad, agua potable, teléfono y gas, tienen guardias nocturnas para garantizar el suministro y resolver los desperfectos que se presentan durante la noche.

Las Vegas, en Nevada (Estados Unidos) es una ciudad que permanece despierta las 24 horas del día debido a su gran oferta hotelera con casinos y espectáculos. Desde el espacio es la ciudad que se ve más iluminada de la Tierra.

Las estaciones centrales de trenes y autobuses, los aeropuertos y puertos son lugares muy iluminados, porque allí se concentran numerosas personas y se realizan actividades nocturnas para recibir y despachar los servicios de transporte de pasajeros o de mercancías.

En general, los transportes públicos, como los trenes, autobuses y aviones, funcionan las 24 horas, aunque durante la noche los servicios tienen una frecuencia menor. El metro o subterráneo suele tener un horario más restringido, especialmente en la madrugada.

El Abecé Visual de
LA TIERRA

El Abecé Visual de
ANIMALES SALVAJES

El Abecé Visual de
INVENTOS QUE CAMBIARON EL MUNDO 1

El Abecé Visual de
MEDIOS DE TRANSPORTE

El Abecé Visual de
EL UNIVERSO

El Abecé Visual de
EL UNIVERSO

El Abecé Visual de
LOS INVENTOS QUE CAMBIARON EL MUNDO 1

El Abecé Visual de
LA HISTORIA

El Abecé Visual de
PLANTAS Y FLORES

El Abecé Visual de
LOS INSECTOS

El Abecé Visual de
PAÍSES, RELIGIONES Y CULTURAS DEL MUNDO

El Abecé Visual de
MITOS Y LEYENDAS UNIVERSALES

El Abecé Visual de
BOSQUES, SELVAS, MONTAÑAS Y DESIERTOS

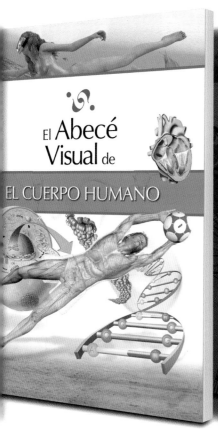

El Abecé Visual de

EL CUERPO HUMANO

El Abecé Visual de

MITOS Y LEYENDAS UNIVERSALES

« Students establish a base of knowledge across a wide range of subject matter by engaging with works of quality and substance.»

–Common Core State Standards for English Language Arts & Literacy in History/ Social Studies, Science, andTechnical Subjects, p. 7

A great addition to a CCSS-oriented collection

Common-Core
Quality & Substance

www.CommonCore.SantillanaUSA.com

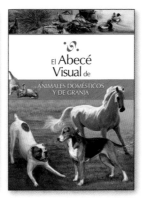

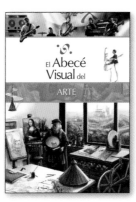